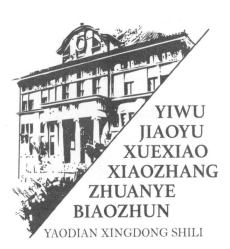

YIWU
JIAOYU
XUEXIAO
XIAOZHANG
ZHUANYE
BIAOZHUN

YAODIAN XINGDONG SHILI

陈 丽◎主编

CHENLI ZHUBIAN

义务教育学校校长专业标准：要点·行动·示例

北京师范大学出版集团
BEIJING NORMAL UNIVERSITY PUBLISHING GROUP
北京师范大学出版社

图书在版编目(CIP)数据

义务教育学校校长专业标准：要点·行动·示例/陈丽主编.
— 北京：北京师范大学出版社，2014.9(2024.4 重印)
ISBN 978-7-303-17632-8

Ⅰ.①义…　Ⅱ.①陈…　Ⅲ.①中小学－校长－学校管理－研究　Ⅳ.①G637.1

中国版本图书馆 CIP 数据核字(2014)第 140978 号

图 书 意 见 反 馈　gaozhifk@bnupg.com　010-58805079
营 销 中 心 电 话　010-58802755　5880035
北师大出版社教师教育分社微信公众号　京师教师教育

出版发行：北京师范大学出版社　www.bnupg.com
　　　　　北京市西城区新街口外大街 12-3 号
　　　　　邮政编码：100088
印　　刷：天津中印联印务有限公司
经　　销：全国新华书店
开　　本：787 mm×1092 mm　1/16
印　　张：13.75
字　　数：220 千字
版　　次：2014 年 9 月第 1 版
印　　次：2024 年 4 月第 8 次印刷
定　　价：44.00 元

策划编辑：路　娜　　　　　责任编辑：陶　虹　鲍红玉
美术编辑：焦　丽　　　　　装帧设计：焦　丽
责任校对：李　菡　　　　　责任印制：马　洁

❧❧ 编 委 会 ❧❧

主　　编：陈　丽

编　　委：（按姓氏笔画排序）

王志明　　王晓玲　　王鸿杰　　王淑娟

石英德　　吕　蕾　　朱洪秋　　刘继玲

李　娜　　杨志成　　杨晓梦　　杨雪梅

何育萍　　汪志广　　迟希新　　胡荣堃

谢建华

读懂标准真谛　推进教育发展

　　义务教育学校校长是履行学校领导与管理工作职责的专业人员，是学校发展的设计者与引领者，是教师专业发展的第一责任人，是课程与教学的领导者，是培育和践行社会主义核心价值观的倡导者，是完善现代教育治理体系、建设现代学校制度的践行者，是党和国家教育方针政策的执行者，其专业素养与水准直接影响我国义务教育事业发展方向、水平与质量。为促进义务教育学校校长的专业发展，建设高素质义务教育学校校长队伍，教育部于2013年2月4日颁布了《义务教育学校校长专业标准》。

　　在贯彻落实校长专业标准的进程中，除了校长这个第一主体外，教育行政部门和校长培训机构也责无旁贷。如何读懂标准意蕴，如何找准角色定位，如何付诸有效行动，迫在眉睫而又任重道远。基于此，北京教育学院校长研修学院院长陈丽教授依托"学校管理学"重点学科研究力量，组建了18位专业人员组成的"义务教育学校校长专业标准解读课题研究组"，以"贯彻标准"为历史使命，以"实践导向"为指导思想，以"校长视角"为逻辑起点，通过"要点解读·履职建议·示例分析"三位一体的描述框架，系统、贴切、简明地呈现了校长专业标准的丰富内涵和实现路径，旨在帮助义务教育学校校长据此开展更显主体性和创造性的自我对照与专业提升，旨在服务各级教育行政部门据此提供更具科学性和针对性的政策支持与资源保证，旨在引导相关校长培训机构据此研发更具时效性和专业性的培训课程与成长平台。

　　参与义务教育学校校长专业标准解读研究并撰稿的老师有：北京教育学院杨志成副院长；北京教育学院校长研修学院陈丽院长；北京市基础教育党建研究中心王鸿杰副主任；《中小学管理》杂志社谢建华、杨晓梦老师；北京教育学院校长研修学院杨雪梅教授、何育萍副教授、迟希新副教授、吕蕾副教授、王淑娟副教授、石英德硕士、胡荣堃博士、王晓玲博士、李娜博士、王志明博士；北京市西城区教育研修学院德育心理部副主任朱洪秋博士；北京市海淀区中小学干部研修中心研究室汪志广主任；北京教育学院朝阳分院刘继玲老师。

在陈丽教授的带领和指导下，课题组同人在繁忙的工作之余，投入大量精力，加班加点，既有基于个人智慧的"条目分工"（详见本书文中注释），更有凝聚团队能量的多次集中研讨，顺利地开展了义务教育学校校长专业标准解读研究。

与此同时，课题组注重听取专家的建议，组织了专家论证会，进一步深化对校长专业标准的理解和分析。在专家论证会的会前、会中和会后，北京教育学院李方院长，北京师范大学周海涛教授，北京市朝阳区教工委副书记、教育纪工委书记张朝晖，北京小学李明新校长，北京市国子监中学郭鸿校长，北京市广渠门中学吴甡校长等专家，对本研究的价值高度肯定，一致认为在义务教育学校校长专业标准出台后急需出版这样一本高水平的解读类著作，并提出了一系列宝贵建议。

本书得到专家一致认可的优点如下：

一是体例新颖。每个条目由"要点解读""履职建议""示例分析"三部分构成。"要点解读"在概念和内涵上予以分析；"履职建议"在实践操作和策略指导上予以支撑；"示例分析"借助典型案例进行解释，从而使校长能够从理性要求到实践操作全面理解与把握校长专业标准。

二是定位清晰。《义务教育学校校长专业标准》属于校长合格标准，是一个合格校长应具备的专业要求，本书的解读也定位于此，很适合任职不久的校长学习，对这类学校的指导作用更加凸显。

三是专业性强。课题组在进行每个条目的"要点解读"时注重从相关法律、政策、理论等多个角度进行解读，具有很强的法律规定性、政策指导性与理论引领性。

四是针对性与指导性强。课题组在"履职建议"中提出的很多策略与举措，针对性强，对校长履职有较强的指导价值。

五是体现前瞻性。党的十八届三中全会对我国基础教育提出一些改革要求，如强调"立德树人"，强调"完善现代学校治理体系""加快现代学校制度建设"等，课题组及时把这些政策要求纳入相应的专业标准之中；同时把学校组织变革、现代学校治理体系、"理事会制"等新的管理理念以及"培育和践行社会主义核心价值观"的社会责任等纳入其中。

本书在研究过程中还得到北京教育学院马宪平书记、杨志成副院长、钟祖荣副院长、《中小学管理》杂志社柴纯青社长的关心与指导。杨志成副院长还在百忙之中抽出时间解读具体条目。本书的出版也得到北京师范大学出版社的大力支持。

有君同行，清风徐来，鲜花盛开！在此，对参与本书研究、指导、出版的所有成员、专家、校长与朋友们表示衷心感谢！

由于课题组人员水平所限，时间仓促，有些条目的内涵解读还不够深刻，有些条目的履职建议尚不解渴，有些案例尚不够典型或统领性不足，有的案例分析尚不到位，还望同人、校长、教育行政领导和广大读者批评指正！

陈　丽

于北京教育学院

2014 年 3 月

目　　录

义务教育学校校长专业标准

为促进义务教育学校校长专业发展，建设高素质义务教育学校校长队伍，深入推进义务教育均衡发展，根据教育法和义务教育法，特制定本标准。

校长是履行学校领导与管理工作职责的专业人员。本标准是对义务教育学校合格校长专业素质的基本要求，是制定义务教育学校校长任职资格标准、培训课程标准、考核评价标准的重要依据。

一、基本理念

（一）以德为先

坚持社会主义办学方向，贯彻党和国家的教育方针政策，将社会主义核心价值体系融入学校教育全过程，依法履行法律赋予的权利和义务；热爱教育事业和学校管理工作，具有服务国家、服务人民的社会责任感和使命感；履行职业道德规范，立德树人，为人师表，公正廉洁，关爱师生，尊重师生人格。

（二）育人为本

坚持育人为本的办学宗旨，把促进每个学生健康成长作为学校一切工作的出发点和落脚点，扶持困难群体，推动平等接受教育；遵循教育规律，注重教育内涵发展，始终把全面提高义务教育质量放在重要位置，使每个学生都能接受有质量的义务教育；树立正确的人才观和科学的质量观，全面实施素质教育，为每个学生提供适合的教育，促进学生生动活泼地发展。

（三）引领发展

校长作为学校改革发展的带头人，担负着引领学校和教师发展，促进学生全面发展与个性发展的重任；将发展作为学校工作的第一要务，秉承先进教育理念和管理理念，建立健全学校各项规章制度，完善学校目标管理和绩效管理机制，实施科学管理、民主管理，推动学校可持续发展。

(四)能力为重

将教育管理理论与学校管理实践相结合，突出学校管理的实践能力和创新能力；不断提高与完善规划学校发展、营造育人文化、领导课程教学、引领教师成长、优化内部管理和调适外部环境等方面的能力；坚持实践、反思、再实践、再反思，强化专业能力提升。

(五)终身学习

牢固树立终身学习的观念，将学习作为改进工作的不竭动力；优化知识结构，提高自身科学文化素养；与时俱进，及时把握国内外教育改革与发展的趋势；注重学习型组织建设，使学校成为师生共同学习的家园。

二、基本内容

专业职责	专业要求	
一、规划学校发展	专业理解与认识	1. 明确学校办学定位，履行实施义务教育的工作使命，保障适龄儿童、少年平等接受有质量的义务教育，着力保障农民工子女、残疾儿童少年、家庭经济困难学生的受教育权利。 2. 注重学校发展的战略规划，凝聚师生智慧，建立学校发展共同目标，形成学校发展合力。 3. 尊重学校传统和学校实际，提炼学校办学理念，办出学校特色。
	专业知识与方法	4. 熟悉国家的法律法规、教育方针政策和学校管理的规章制度。 5. 把握国内外学校改革和发展的基本趋势，学习借鉴优秀校长办学的成功经验。 6. 掌握学校发展规划制定、实施与测评的理论、方法与技术。

续表

专业职责		专业要求
二 营造育人文化	专业能力与行为	7. 诊断学校发展现状，及时发现和研究分析学校发展面临的主要问题。 8. 组织社区、家长、教师、学生多方参与制定学校发展规划，确立学校中长期发展目标。 9. 落实学校发展规划，制订学年、学期工作计划，指导教职工制定具体行动方案，并提供人、财、物等条件支持。 10. 监测学校发展规划的实施，根据实施情况修正学校发展规划，调整工作计划，完善行动方案。
	专业理解与认识	11. 把德育工作摆在素质教育的首要位置，全面加强学校德育体系建设。 12. 将学校文化建设作为学校德育工作的重要方面，重视学校文化潜移默化的教育功能，把文化育人作为办学治校的重要内容与途径。 13. 热爱祖国优秀传统文化，充分发挥优秀传统文化的时代意义与教育价值，重视地域文化的重要作用。
	专业知识与方法	14. 广泛涉猎自然科学与人文社会科学知识，具有良好的艺术修养和相应的艺术欣赏与表现的知识。 15. 了解校园文化建设的基本理论，掌握促进优秀文化融入学校教育的方法和途径。 16. 掌握不同年龄阶段学生思想品德形成和健康心理发展的特点与规律，了解学生思想与品行养成过程及其教育方法。
	专业能力与行为	17. 绿化、美化校园环境，精心营造人文氛围，建设优良的校风、教风、学风，设计体现学校特点和教育理念的校训、校歌、校徽、校标。 18. 精心设计和组织艺术节、科技节等校园文化活动，充分利用好重大节庆日、传统节日等有特殊意义的日子以及学校组织特有的仪式，开展主题教育活动。

续表

专业职责		专业要求
三 领 导 课 程 教 学		19. 建设绿色健康的校园信息网络，向师生推荐优秀的精神文化作品和先进模范人物，努力防范不良的流行文化、网络文化和学校周边环境对学生的负面影响。 20. 凝聚学校文化建设力量，发挥教师、学生及社团的主体作用，为共青团、少先队、学生社团、班集体活动开展提供必要条件，保证活动时间。
	专业理解与认识	21. 坚持面向全体学生，因材施教，全面提高教育教学质量。 22. 尊重教育教学规律，注重培养学生的责任意识、创新精神和实践能力。 23. 尊重教师的教学经验和智慧，积极推进教学改革与创新。
	专业知识与方法	24. 掌握学生不同发展阶段的培养目标和课程标准。 25. 了解课程编制、课程开发与实施、课程评价的相关知识和教材、教辅使用的政策以及国内外课程教学改革的经验。 26. 掌握课堂教学以及教育信息技术应用的一般原理与方法。
	专业能力与行为	27. 有效统筹国家、地方、学校三级课程，确保国家课程、地方课程的落实，推动校本课程的开发与实施，为学生提供丰富多样的课程教学资源。 28. 认真落实义务教育课程标准，切实减轻学生过重课业负担，不得随意提高课程难度，不得挤占体育、音乐、美术及少先队活动等课程的课时，确保学生每天一小时校园体育活动。

专业职责		专业要求
		29. 建立听课与评课制度，深入课堂听课并对课堂教学进行指导，每学期听课不少于地方教育行政部门规定的课时数量。 30. 积极组织开展教研活动和教学改革，建立完善促进学生全面发展的教育教学评价制度，不片面追求学生考试成绩和升学率。
四 引领教师成长	专业理解与认识	31. 教师是学校改革发展最宝贵的人力资源，尊重、信任、团结和赏识每一位教师。 32. 校长是教师专业发展的第一责任人，将学校作为教师实现专业发展的主阵地。 33. 尊重教师专业发展的规律，激发教师发展的内在动力。
	专业知识与方法	34. 把握教师职业素养要求，明确教师的权利与义务。 35. 掌握教师专业发展的理论以及指导教师开展教育教学实践与研究的方法。 36. 掌握学习型组织建设的方法以及激励教师主动发展的策略。
	专业能力与行为	37. 建立健全教师专业发展的制度，推行校本教研，完善教研训一体的机制，落实每位教师五年一周期不少于360学时的培训要求。 38. 关注每一位教师的发展，指导教师根据自身发展特点制订专业发展计划，加强青年教师培养，支持教师轮岗交流，推进信息技术在教师专业发展中的应用。 39. 扎实开展师德师风教育，落实教师职业道德规范要求，严禁教师体罚或变相体罚学生，严禁教师从事有偿补课。 40. 维护和保障教师合法权益和待遇，关爱教师身心健康，建立优教优酬的激励制度。

续表

专业职责		专业要求
五优化内部管理	专业理解与认识	41. 坚持依法治校，自觉接受师生员工和社会的监督。 42. 崇尚以德立校，处事公正、严格律己、廉洁奉献。 43. 倡导民主管理和科学管理，坚持教书育人、管理育人、服务育人。
	专业知识与方法	44. 把握国家相关政策对校长的职责定位和工作要求。 45. 掌握学校管理的基本理论与方法，了解国内外学校管理的变化趋势。 46. 熟悉学校人事财务、资产后勤、校园网络、安全保卫与卫生健康等管理实务。
	专业能力与行为	47. 形成学校领导班子的凝聚力，认真听取党组织对学校重大决策的意见，充分发挥党组织的政治核心作用。 48. 尊重和支持教职工代表大会参与学校管理的民主权利，定期向教职工代表大会报告工作，实行校务会议等管理制度。 49. 建立健全学校人事、财务、资产管理等规章制度，提高学校管理规范化水平，不得违反国家规定收取费用，不得以向学生推销或者变相推销商品、服务等方式谋取利益。 50. 努力打造平安校园，建立和完善学校各种应急管理机制，定期实施安全演练，正确应对和妥善处置学校突发事件。
六调适外部环境	专业理解与认识	51. 坚持把服务社会（社区）作为学校的重要功能，勇于承担社会责任。 52. 坚持把合作共赢作为学校对外关系准则，积极开展校内外合作与交流。 53. 坚信学校与家庭、社会（社区）的良性互动是办学水平的重要体现。
	专业知识与方法	54. 掌握学校公共关系及家校合作的理论与方法。 55. 了解所在社区、学生家庭的基本情况，积极获取与学生成长、学校发展相关的信息。 56. 熟悉各级各类社会公共服务机构的教育功能。

续表

专业职责		专业要求
六 调适外部环境	专业能力与行为	57. 优化外部育人环境，努力争取社会（社区）的教育资源对学校教育的支持。 58. 充分发挥家长委员会支持学校工作的积极作用，引导社区和有关专业人士参与学校管理和监督，接受改进学校工作的合理建议。 59. 建立健全家校合作育人机制，建立教师家访制度，通过家长学校、家长会、家长开放日等形式，指导和帮助家长了解学校工作情况和学生身心发展特点，掌握科学育人方法。 60. 积极发挥学校在社区建设中的作用，鼓励并组织学校师生参与服务社会（社区）的有益活动。

三、实施要求

（一）本标准适用于国家和社会力量举办的全日制义务教育学校的正、副校长。幼儿园园长、普通高中、中等职业学校校长专业标准另行制定。鉴于全国不同地区的差异，各省、自治区、直辖市教育行政部门可以依据本标准制定符合本地区实情的实施意见。本标准可在执行的过程中逐步完善。

（二）各级教育行政部门要将本标准作为义务教育学校校长队伍建设和校长管理的重要依据。根据教育改革发展的需要，充分发挥本标准引领和导向作用，制定义务教育学校校长队伍建设规划，严格义务教育学校校长任职资格标准，完善义务教育学校校长选拔任用制度，推行校长职级制，建立义务教育学校校长培养培训质量保障体系，形成科学有效的义务教育学校校长队伍建设与管理机制，为实现义务教育均衡发展提供制度保障。

（三）有关高等学校和校长培养培训机构要将本标准作为义务教育学校校长培养培训的主要依据。重视义务教育学校校长职业特点，加强相关学科和专业建设。根据义务教育学校校长发展阶段的不同需求，完善培养培训方案，科学设置校长培养培训课程，改革教育教学方式。注重校长职业理想与职业道德教育，增强校长教书育人、管理育人的责任感和使命感。加强校长培养培训的师资队伍建设，开展校长专业成长的科学研究，促进校长专业发展。

（四）义务教育学校校长要将本标准作为自身专业发展的基本准则。制定自我专业发展规划，爱岗敬业，增强专业发展自觉性；大胆开展学校管理实践，不断创新；积极进行自我评价，主动参加校长培训和自主研修，不断提升专业发展水平，努力成为教育教学和学校管理专家。

第一章　规划学校发展[①]

规划学校发展是校长重要的专业职责。校长需要组织学校内外部力量，在对学校发展内外部环境深刻分析基础上，明确学校办学定位与发展目标、发展思路与重点，清晰检测评估与保障举措。

一、专业理解与认识

1. 明确学校办学定位，履行实施义务教育的工作使命，保障适龄儿童、少年平等接受有质量的义务教育，着力保障农民工子女、残疾儿童少年、家庭经济困难学生的受教育权利。

【要点解读】

学校办学定位主要指学校依据《中华人民共和国教育法》，根据社会发展与教育发展需要、自身条件与发展潜力，找准自身在人才培养中的位置，确定一定时期内学校在办学理念、办学目标、学校类型、办学规模、服务面向等方面的定位。

一般来说，校长在办学定位时首先要清晰义务教育法的有关规定。《中华人民共和国义务教育法》规定："义务教育是国家统一实施的所有适龄儿童、

---

① 本章由陈丽撰写第 1、2、5、10 条目，胡荣堃撰写第 6、7、8、9 条目，何育萍撰写第 3 条目，刘继玲撰写第 4 条目。

少年必须接受的教育，是国家必须予以保障的公益性事业。"该规定明确了义务教育的基本性质有公益性、统一性、义务性、奠基性。义务教育属于基本公共服务，校长要有公平、公正、均衡理念，要确保适龄儿童、少年平等接受有质量的义务教育，着力保障农民工子女、残疾儿童少年、家庭经济困难学生的受教育权利。

同时，校长还要清晰办学定位是一个系统，主要包括以下几方面的定位。

办学理念定位：是对学校办学的核心理念进行描述。办学理念要体现出学校特色与个性。

发展目标定位：是对学校发展愿景进行的描述。主要包括办学目标、育人目标等定位。

基本职能定位：是对学校在社会发展及教育发展中所扮演的角色和承担的责任的描述。中小学的基本职能是教书育人（需要学校确定育人目标），是奠基教育，衍生职能主要有实验职能、研发职能与社会服务职能。当前义务教育在履行基本职能时特别强调的就是公平与优质，校长要以新的平等观和质量观为指导，切实保障所有适龄儿童、少年平等接受高质量的义务教育。为此，学校不仅要关注所有儿童、少年，尤其更要关注处境不利儿童，如农民工子女、残疾儿童少年、家庭经济困难学生、"三流"（留守、流动、流浪）儿童少年，采取有效的帮扶举措，促进他们心理正常发育，学业成绩明显提高。

学校类型定位：是对学校办学体制（如公立、私立）、学段（如小学、初中、九年一贯制、幼儿园小学、幼儿园小学初中）的描述。一般来说我国义务阶段公立学校主要有小学、初中、九年一贯制三种类型。

发展规模定位：是对学校办学规模做出的界定，是数量目标的定位。学校的规模与质量、效益密切相关，学校要根据自身条件和社会需求确定一个合适的办学规模，而且为达到这个目标又要确定一个科学的时间表和具体措施。

学校服务面向定位：是对学校服务的地域范围或对象范围（地域指服务全国、地区或地方，对象是指服务的部门、社区、家庭、学生）所做出的界定。

【履职建议】

(1)清晰义务教育发展要求与趋势，履行义务教育工作使命，进行本质性定位。

义务教育是强制性国民教育，关系到国民基本素养，国家、社会、家庭必须保障适龄儿童接受义务教育。当前，在我国基本普及九年义务教育的背景下，义务教育发展的两个重要要求与趋势就是优质与公平，这将成为义务教育的工作使命，也是义务教育的本质要求。

义务教育应是全面的高质量的教育，首先必须体现全民教育的思想，所有适龄儿童都要接受义务教育。其次是平等的教育，当今世界对教育平等的理解已经不限于所有儿童都能学习基本的共同课程或享受平等的资源条件了，而是要追求优质教育的机会均等并实现结果的公平。评价的关键在于弱势群体是否能取得与其他学生同样的成就。最后是反对排斥的教育。教育要接纳各种不同文化、个性、能力的人，促进社会在牢固的道德基础上和尊重他人的基础上团结起来。①

（2）面向社会、区域发展需求，把握社会与区域发展趋势，进行引领性定位。

义务教育是奠基性教育，在当今社会发展迅速、区域发展差异明显的背景下，校长在规划设计时要具备开放视野，把握社会发展、区域发展趋势及其对人才素养新要求，并及时纳入培养目标定位之中，体现引领性。

（3）立足学校历史与现状，全面权衡学校实力与资源，进行适切性定位。

校长在规划学校办学定位时，要尊重学校历史，从中提炼学校发展的优秀"基因"；全面权衡学校现有实力基础及可挖掘的内外部资源，考虑需求与可能、奋斗目标与现实条件的关系，量力而行，从而使办学定位的实现具有基础与可操作性。

（4）结合学校办学优势，突出特色，进行个性化定位。

优势是高于同类的特性，特色是有别于同类的特性，在一定条件下，优势和特色又可以相互转化和促进。校长要通过比较优势的原则，通过自我评价和对比评价，找准自己的位置，确定自己的办学特色。同时，办学定位本身还要有特色，办学定位的特色是学校个性化的体现。

---

① 《国外基础教育改革综述》，高考学习网（http://www.gkxx.com/news/2011－01－11/20110111091241_1.shtml），2011 年 1 月。

【示例分析】

案例1-1：北京市海淀区五一小学发展定位

五一小学未来十年发展的愿景是：通过实施奠基教育，以培养具有广博的爱心、高度的责任感、富有创造力的身心健康的优秀人才为指向，把五一小学建设成为温馨型、开放性、国际化、充满活力的北京知名品牌学校。

分析：

北京市海淀区五一小学的发展定位是一个系统，包括了办学理念定位（奠基教育，一句话的表达就是"六年奠基一生"）、育人目标定位（具有广博的爱心、高度的责任感、富有创造力的身心健康的优秀人才）、学校办学目标定位（温馨型、开放性、国际化、充满活力的北京市知名品牌）三方面的定位。

从五一小学发展定位表述上可以看出，五一小学的教育凸显高质量的奠基教育，体现了学校特色，具有独特性；反映了首都发展对学校与人才培养的高要求（如国际化、开放性、爱心、责任感、创造力等），具有引领性；是在五一小学发展现状与实力基础上的规划，具有适切性。

2. 注重学校发展的战略规划，凝聚师生智慧，建立学校发展共同目标，形成学校发展合力。

【要点解读】

学校发展的战略规划是对学校中长期发展所进行的全局性、方向性规划。战略规划一般包括学校发展的战略分析、发展目标（主要由发展定位、总体目标、阶段目标构成）、战略思路（主要由发展战略、发展思路构成）、战略任务等要素构成。

战略规划是为了避免短期规划的不足，需要校长凝聚相关人员尤其是师生智慧，建立起有号召力的、鼓舞人心的共同目标，以有效发展战略引领全校师生奋斗，形成学校发展合力，达成共识。在战略规划中设计学校中长期发展战略也至关重要，高洪源教授曾经提出学校发展的一般战略有质量战略、联盟战略、国际交流战略、防御性战略、顾客战略、适度规模战略、特色战略七大战略模式。① 对于不同的学校需要校长寻求合适的发展战略。

【履职建议】

(1)校长要有民主观念。

注意发挥学校教职员工与学生主体作用，让他们充分参与规划研制过程，吸纳他们的智慧，发掘师生内驱力，达成发展共识，形成学校发展内部合力。规划制定过程要自下而上、自上而下多次结合。

(2)校长要组织有效的群体决策。

这是民主观念在决策方面的具体要求。校长要认识到个人决策的局限性，注重发挥群体决策优势，在规划过程中注重让班子、规划领导小组、教研组、年级组、教师代表大会等群体组织发挥决策作用，以保障决策的群众基础与执行基础。

(3)校长要有学生本位思想。

学生既是学校发展的受益者，也是学校发展的重要主体。在规划制定过程中，一方面，要紧紧围绕有利于学生全面、生动、活泼发展进行；另一方面，要通过座谈、问卷等多种方式了解学生对学校的期望与建议，并把合理因素纳入规划之中。

(4)校长要有开放观念。

不仅注意发挥学校内部主体的作用，而且注重发挥家长、社区、专家智慧，避免学校组织局限，形成学校发展的外部支持力。

总之，校长要把战略规划研制过程变成学校内外相关利益主体的共谋、共识过程，这样，才能为规划执行过程的"共为"过程奠定坚实基础，形成强大的规划执行力。

【示例分析】

案例1-2：重庆市渝中区临江路小学举办学校发展愿景论坛②

2013年1月24日下午，临江路小学组织举办了临江路小学发展愿景论坛。我们打破以往论坛活动的传统讲座、登台演讲等旧形式，在轻松、愉悦、

① 高洪源：《学校战略管理》，重庆：重庆大学出版社2006年版，第44～83页。
② 《临江路小学举办学校发展愿景论坛》，重庆市渝中区人民政府网站（http://www.cqyz.gov.cn/web1/info/view.asp? newsid＝95659）。

和谐的氛围里由各个学科组分别展示学校未来发展建设的新愿景：数学高段组载歌载舞展望了他们心目中的快乐校园、健康校园；声情并茂的朗诵传达的是语文高段组的见解——学校未来的发展有幸福的味道；科任一组的老师用轻松的歌舞描绘出"团结的学校我的家"这一发展愿景；科任二组的老师老中青合作，演绎出共同的心声——"礼仪之花开遍校园"；悠扬的乐曲中，PPT一一展示，低段语文、数学组的老师们希望中的临江路小学每一朵花都会怒放；行政后勤组在俞校长的带领下，把心中的学校愿景创作成诗歌，高唱着《希望的临江》把论坛活动推向高潮……

分析：

重庆市临江路小学在规划制定过程中具有民主观念，注意发挥全体教师的智慧，采取群体决策的方式，以学科组为单位进行学校发展愿景设计，并组织全校交流，以丰富多彩的呈现方式共享各学科组教师们的智慧。

校长在进行规划过程中了除了注重发挥教师群体智慧外，还要注重学生主体作用发挥与智慧激发，也可以采取多样的方式，如举行"我心目中的好学校"征文、"我为学校发展献计献策"主题班会活动、学生代表座谈会，等等。

校长还要有开放意识，需要调动家长、社区、教育领导与专家的智慧，举行相应的座谈与访谈，就发展目标、策略、思路等达成共识，形成学校发展的合力。

3. 尊重学校传统和学校实际，提炼学校办学理念，办出学校特色。

【要点解读】

办学理念是一所学校的灵魂，是学校在办学过程中一直所秉承的教育信念。它是一所学校的领导者依据一定的教育思想、管理思想和教育方针，从本校实际出发而确立的学校工作的指导思想，是以校长为核心的学校所有成员共同思考和实践的结果。学校办学理念是个系统，包括学校办学目标、育人目标、办学思路、育人策略、学校核心价值等，学校需要提炼核心办学理念。核心办学理念是办学理念系统的凝练表达，要兼顾共性与个性的统一，它既能体现教育的一般要求，又能体现学校的具体情况。它的形成与创新在很大程度上依赖于校长长期的理论积累和实践反思，依赖于对学校具体情况的具体分析。

学校特色，通俗地讲，就是与其他学校不一样的地方，它是学校在办学过程中所表现出来的独特的、优质的、稳定的并带有整体性的个性风貌。独特性指区别于其他学校的个性、差异性；优质性指学校特色质量的优秀；稳定性则指来自于学校长期积淀形成的稳定特征。学校特色是一个状态，也是一个过程，是学校在整体发展战略的前提下，以学校独到的办学理念为指向进行个性化办学的过程。

学校特色分类角度各异，按照特色内涵层面大致可以分为三类。

(1)整体特色，包括办学理念特色、教育思想特色等。如北京光明小学"我能行"办学理念特色，上海闸北八中"成功教育"特色。

(2)局部特色，包括管理特色、教学特色、课程特色等。如山东昌乐二中的"271"高效课堂，清华附小的"1＋X"课程。

(3)项目特色，指具体某项活动的特色。如足球特色、美术特色等。

办学过程中，校长需要正确理解学校办学理念与学校特色之间的关系，有两层含义：一是学校提炼出自己的办学理念是学校最根本的学校特色；二是只有在鲜明的学校办学理念的指导下，学校才能形成具体的教育教学、管理、活动等学校特色。

学校发展是一个过程，就像流动的长河，每一任校长都应该是学校发展的推动者，就如河道的疏导者，应该成为学校历史、现在和未来的联结者。校长在制定学校发展规划中，要学会在尊重学校传统和实际的基础上提炼与表达出学校清晰的办学理念，制定出明确的学校特色建设目标。带领全体教师做好学校特色的设计与实施，在教育实践中办出学校特色。

学校特色建设的过程是依托学校传统，从学校实际出发，发挥优势，解决问题，成就精彩的过程，需要长期的积淀，逐步内化才能真正扎根。

【履职建议】

(1)尊重学校传统，提炼学校办学理念，体现学校特色。

有的学校办学历史悠久，文化底蕴深厚，留下了很多优秀的精神文化，有自己独特的文化个性，要注意挖掘其发展历程中形成的"家族发展基因"，努力寻找属于"自己的独特语言"。有的学校办学理念就是从校名中提炼，有多种有意思的提炼策略，如北京市汇文中学采用字头法提炼核心办学理念：汇易致远，文博天下；北京市海淀区翠微小学则采用的是字尾法提炼核心办学理念：明德至翠，笃行于微。

（2）在现实中超越，提炼学校办学理念。

校长站位要高，要有前瞻意识，这样提炼与表达出来的办学理念才能够抓住教育的本质，同时提炼出来的词应该具备很强的表现力，能够统领学校的整体工作，既有理论基础又有实践意义，既严谨深刻又通俗易懂，能够引领学校持续发展。如北京史家小学的"和谐教育"。

（3）特色建设过程中一方面要敢于坚守学校优良传统；另一方面要尊重学校实际，抓住发展机遇，坚持在反思中超越。

尊重传统又不唯传统。校长要学会调研分析学校现有的状况，分析学校优势和存在的问题，善于从当下发现学校发展的契机。只有这样，才能在继承的基础上结合学校实际及教育发展的趋势对办学理念进行完善或创新，在学校办学理念的指导下通过管理、课程、教学、教师队伍建设等工作落实推进特色的深化，最终落脚点为学生的发展，直至打造成为学校品牌。如北京府学小学的"学府式"府学文化特色。

【示例分析】

案例 1-3：学校特色如何在坚守中超越？①
——以北京市一师附小"快乐教育"办学特色为例

北京市一师附小从 1986 年起率先在北京实施"快乐教育"，坚持在尊重学校传统和学校实际的基础上，提炼办学理念，办出学校特色。

第一，坚守核心办学理念，让学校特色发展有"定力"。

一所学校所以能够形成特色并且持续发展，根本的原因是学校具有先进的、特色的、稳定的价值观念，并用这种价值观念支撑学校的教育实践。

（1）破"三苦"，释"重负"，提出"快乐教育"。

20 世纪 80 年代，小学教育中存在学生课业负担过重、校园生活单调、师生关系紧张的"三苦"现象，为了改变现状，我校从"愉快教学"单项改革做起，

---

① 张忠萍：《学校特色如何在坚守中超越》，载《中小学管理》，2010 年第 8 期（有删节）。

逐步扩展到全校的整体改革——实施快乐教育。我们把"快乐教育"的实质界定为：认真贯彻党的教育方针，使全体学生生动、活泼、主动地全面发展。我们把这一理念贯穿于"快乐教育"研究与实践的始终，不因时间推移、环境变化、校长更换而改变。

（2）明晰"以儿童快乐发展为本"的"快乐教育"核心理念。

2000年，围绕这一方针，我们对十几年的"快乐教育"实践进行了进一步的理性思考，提出了"以儿童快乐发展为本"的快乐教育核心理念和"乐于读书，勤奋为乐；乐于服务，助人为乐；乐于锻炼，健体为乐；乐于交往，合作为乐；乐于参与，实践为乐；乐于开拓，创新为乐"的"六乐"培养目标。强调在快乐教育实践中要以情感为动力，着力培养乐观的心态，促进学生身心健康、全面发展。面对有差异的学生，我们坚信"每个人都是有用之才，都有潜能，都能带来变化"，积极地引导学生发现自己的才能，让每一位学生"心灵自由舒展、快乐有效学习、个性充分发展"，"在快乐中发展""在发展中快乐"。

24年来，我们在"让学生快乐发展"这个核心理念指导下，用心培育快乐教育的核心价值体系，使学校成为学生乐学、会学，教师乐教、善教的大舞台。

第二，持续聚焦新问题，让学校特色发展有"活力"。

在促进学校特色持续发展的过程中，必须与时俱进，有很强的问题意识和执着的探索精神，及时发现学校存在的突出问题，以及师生成长中的迫切需求，确立一个时期内学校特色研究和推进的重点，并把它作为学校特色发展新的生长点。

我校"快乐教育"从"七五"至"十一五"期间经历三个发展阶段，从起步到深入，持续聚焦新的问题，并以研究的方式不断推进这些问题的解决，使"快乐教育"发展始终充满活力。

目前我校在新课改背景下，从实际出发，采取了"整体建构，分步实施"的策略，开设了"德育类、民族类、科学类、体育类、表演与欣赏类"五大类46门校本自主选修课程，初步形成了"快乐教育"的校本课程体系，让学生体验自主选择学习的快乐。

如今，"快乐教育"已经成为一师附小独特的教育名片。

分析：

本案例是校长尊重学校传统和学校实际、提炼办学理念、办出学校特色的典型示范。北京市一师附小从1986年开始就进行"快乐教育"的单项教学改革，积累了丰富的教学管理经验，张忠萍校长尊重学校发展中留下的这笔宝贵传统，从教育的时代要求出发，从学校的实际情况出发，带领全体老师共同研讨梳理出学校办学理念，"以儿童快乐发展为本"的核心理念不仅尊重了学校传统，又在反思中超越，提出"六乐"的培养目标，抓住了教育的本质。在快乐教育办学理念的指导下，持续聚焦研究学校特色建设过程中的关键问题，使得快乐教育的办学理念不断深入、具体，逐渐转化到教师们的教育教学行为中，成为学校成员共同认可的价值观，最终促进学生快乐健康地发展。坚持近30年的实践，成就了卓越的学校品牌。

二、专业知识与方法

4. 熟悉国家的法律法规、教育方针政策和学校管理的规章制度。

【要点解读】

校长要依法治校，首先需要熟悉国家的相关法律法规、教育方针政策和学校管理的规章制度。

法律法规是一种行为规范，是用来约束、规定和保障人们在工作生活中或参与实践活动时实施社会公认和许可的行为的规则。法律一般由国家制定认可，是全国人民代表大会和全国人民代表大会常务委员会依照立法程序制定颁布的。法规包括行政法规和地方性法规，主要是由国务院或省（自治区、直辖市）的人民代表大会及其常务委员会制定。

一般来说，校长要熟悉三个层面的法律法规。

一是专门的教育法律法规，如《中华人民共和国教育法》《中华人民共和国义务教育法》《中华人民共和国教师法》《中小学幼儿园安全管理办法》《学校卫生工作条例》《学校体育工作条例》《学生伤害事故处理办法》《教师资格条例》《中小学教师继续教育规定》等。

二是与学校教育有关的法律法规，如《中华人民共和国未成年人保护法》《中华人民共和国妇女权益保障法》《中华人民共和国预防未成年人犯罪法》《中华人民共和国劳动合同法》等。

三是普法层面法律，如《中华人民共和国宪法》《中华人民共和国刑法》《中华人民共和国民法通则》等。

教育方针是国家或政党在一定历史阶段提出的有关教育工作的总的方向和总指针，是教育基本政策的总概括。它是确定教育事业发展方向，指导整个教育事业发展的战略原则和行动纲领。我国现阶段的教育方针在《中华人民共和国教育法》第五条规定："教育必须为社会主义现代化建设服务，必须与生产劳动相结合，培养德、智、体等方面全面发展的社会主义事业的建设者和接班人。"《国家中长期教育改革和发展规划纲要（2010—2020年）》对党的教育方针的论述是："坚持教育为社会主义现代化建设服务，为人民服务，与生产劳动和社会实践相结合，培养德智体美全面发展的社会主义建设者和接班人。"两者表述稍有不同，但都明确了教育方向——社会主义方向；教育的基本任务——为社会主义现代化、为人民服务；培养途径——与生产劳动和社会实践结合；培养目标——培养德智体美全面发展的社会主义建设者和接班人。关于教育方针，校长要明确培养目标是教育方针的核心问题，教育方针和当前推行的素质教育是一脉相承的。

教育政策是指一个政党和国家为实现一定历史时期的教育发展目标和任务，依据党和国家在一定历史时期的基本任务、基本方针而制定的关于教育的行动准则。校长要熟悉掌握的教育政策主要有：1991年国家教育委员会颁布《全国中小学校长任职条件和岗位要求（试行）》；1999年教育部令第8号《中小学校长培训规定》；2001年教育部颁布的《基础教育课程改革纲要（试行）》；2010年教育部颁布的《国家中长期教育改革和发展规划纲要（2010—2020年）》；2012年国务院第215次常务会议发布的《教育督导条例》；2013年8月21日教育部发布的《小学生减负十条规定（征求意见稿）》等。校长要时刻关注相关教育政策的变化，领会精神并贯彻执行。

学校管理的规章制度是不同学校根据相关的法律法规、教育方针政策制定的适用于学校内部管理的规章制度。其中学校章程是就学校一些重大的、基本的问题，如学校的办学宗旨、培养目标、内部管理体制、学校的财物等进行规范的文件。章程类似于学校的"宪法"，处于母法的层次，以它为依据，再制定出学校的各项规章制度。学校的规章制度是对学校章程的具体化和补充。学校的规章制度一般来说涵盖行政管理、教职工管理、学生管理、教育教学管理、安全管理、校园管理、财产及资产管理等方面。校长在实际工作中要重视学校章程及制度的建设，首先要遵守上位的法律法规和教育方针政策，不得与之相违背；其次要先制定或修正学校章程，再逐步制定出具体的规章制度。

【履职建议】

(1)丰厚的法律知识储备。

校长要掌握基本的教育法律法规，了解学校、校长、教师、学生的各项权利和义务；关注国家各部委、属地人民政府及教育部门颁布的相关教育政策，领会相关精神和要求；清晰学校管理的规章制度，明确制度导向和价值体现。

(2)逐步培养法律素质。

尽管校长的法律素质需要一定的法律知识作为基础，但法律知识并不能等同于法律素质。校长的法律素质包括校长在履职过程中的法律精神要素，即要运用法律的理念与意识来实施管理，是构成校长政治素质和管理素质的重要内容。法律素质高的校长能够自觉运用法律视角透视与学校有关的各种事物，用法律的思维剖析与解决学校管理中的各种矛盾和问题，保证学校的改革、发展与稳定。

(3)研制或修订学校章程。

学校章程是对学校一些重大的、基本的问题予以规定的文件，是学校纲领性文件，因此地位非常重要。校长要重视研制或修订学校章程，提高对章程重要性的认识，了解章程的主要结构，并通过制定或修订章程的行为，凝聚广大师生的智慧，凝练办学目标与理念，达成共识。

(4)践行依法治校的理念。

依法治校既是一种思想观念，也是一种管理艺术。校长要防止凭个人主观意志来随意确定学校的发展方向，应抛弃感情和习惯来管理学校，真正依法制定系列科学的规章制度，规范学校管理行为与教育教学行为，保证学校秩序与安全运行。

【示例分析】

案例1-4：魏书生坚持依法治教的习惯①

魏书生认为民主的层次越高，制度的规范就越细。世界上最大的自由就是遵纪守法。科学治教就是不断分析研究，揭示、认识教育规律，尊重规律、顺应规律，按照规律制定规章制度。制度面前人人平等，制度之内人人自由，制度之上没有权威，制度之外没有民主。在一定意义上，依据教育法律、政策制定科学的规章制度并贯彻执行也就是依法治教、依法治校、依法治班。

魏书生及其同事推行的学校制度体系包括如下三个方面。

第一，计划执行系统：认真执行教育部、教育厅的规定和制度，规范办学行为，同时结合盘锦当地实际，大家共同商量，制订了三类计划：

(1)按时间范畴定的计划。确保把具体事情和时间统一起来，做到时时有事做，事事有时做。(2)按空间范畴定的计划。确保计划的事情不落空，事事有人负责，件件有人执行。(3)为偶发事件制订的计划。确保临时任务有周密的计划，提高工作效率，又有利于养成依法办事的习惯。

第二，监督检查系统：为了使计划落到实处，使做对了的事情长期坚持下去，经讨论设立了五种监督检查的方式：自检、互检、责任人检、集体检、管理者抽检。

第三，总结反馈系统：计划、制度都针对一定的时空范畴，如果时过境迁还按老规矩办事，就免不了犯错误。为了减少失误，又建立了反馈系统。对执行过一段时间的计划、制度进行总结、评议，符合个人、国家利益的基本原则、根本方法坚持不变，而具体要求、操作细节则是经常更新。

魏书生采取了五种反馈方式：学生反馈、教师反馈、校长反馈、家长反馈、社会反馈。例如魏书生经常听取学生反馈，并据之修改具体规定，使具体规定既讲共性，又讲个性；既讲法治，又讲人情。如学生每天写日记，这一根本要求十几年不变，但不同班级、不同水平、不同性格、不同家庭环境的学生，什么时候写、写什么、怎么写、每天写多少字，则是常跟学生商量。

---

① 本案例改编自吴献新：《校长依法治校之行动研究》，北京：高等教育出版社2012年版，第7页。

不断修改具体规定才能使不同层次的学生都有适合自己的写日记的规定，这件事才能一直坚持下去。

计划执行、监督检查、总结反馈三个系统，互为条件，互相促进，逐渐细化，不断改进，使盘锦教育一步一个脚印朝前发展。

分析：

魏书生教育思想中依法治校的内涵在学校日常教育活动的管理中主要体现在以上提到的建立科学的计划系统、科学的检查监督系统和科学的总结反馈系统并灵活执行。从这三个系统的具体运行中，揭示了魏书生依法治校的特点：针对性、可行性、渐进性、实效性。学校的规章制度定得科学，符合教育方针，符合人们的心理，那么不用人监督、监视，人们也能自觉遵守，这样依法治校才会得以顺利实施。

5. 把握国内外学校改革和发展的基本趋势，学习借鉴优秀校长办学的成功经验。

【要点解读】

校长在进行规划时要有前瞻性，要站在教育发展的前沿审视本校的发展。因此，校长必须把握国内外学校改革与发展的基本趋势（这对校长的小学具有宏观意义上的方向性指引），学习借鉴国内外优秀校长办学的成功经验（这对校长的办学具有微观意义上的案例性示范）。

当前，世界各国中小学改革与发展的总体趋势是实现教育的个性化、民主化、国际化、信息化、创新性与终身性。

中国当前的学校变革的走向为"实现转型"，即学校教育的整体形态、内在基质和日常的教育实践要完成由"近代型"向"现代型"的转换。现代型学校具有五个方面的内涵：(1)价值提升。现代型学校的存在价值不再停留或满足于传递、继承人类已有知识，实现文化的"代际遗传"和社会生产力、生产关系的复制式再生，而是追求为社会更新性发展、为个人终身发展服务的存在价值，使教育成为人类社会更新性的再生系统。(2)重心下移。首先在教育对象与目标方面的重心下移，学校不是只关心少数"尖子"学生、致力于培养高一级学校的专门化的、精英式的人物，而是关注每一个学生的主动发展。其次是教学内容方面的重心下移。最后是管理重心的下移。(3)结构开放。除了表现为整个学制的开放性和弹性化以外,在学校结构层面上,主要表现为两个向度的开放,一个是向外的,对网络、媒体的开放,对社区、社会的开放,以及学校间、相关教育机构的相互开放;另一个是向内的,在管理上向师生的开放和教育、教学活动中向学生发展的可能世界开放。(4)过程互动。与近代型学校以单向传递为主的教育教学活动过程的基本状态形成鲜明的对照,呈现多元、多层、多向、多群的状态。(5)动力内化。发展动力的转换是最深层次的转换。动力内化意味着学校形成自己内在的发展需求、动机和动力机制。①

当前值得校长们注意的、借鉴的国内改革很多,校长可关注的教育模式改革主要有愉快教育、和谐教育、成功教育、我能行教育、主体教育等;学校组织变革值得关注的主要有北大附中的组织变革、北京市十一学校的新学校运动等;课程变革值得关注的主要有北京小学的四季课程、清华附小的1+X课程体系建设等;教学变革值得关注的主要有洋思中学的教学改革、李吉林的情境教学、上海洛川学校的数字化教学,等等。

关于教学改革趋势,陶西平在《当今世界教学改革潮流指向》中指出世界各国教学改革指向为:以学生为中心(学习和个性双重发展)、以价值观为导向(心理与生理健康成长)、培养创新精神(学习在于思考与实践并存)、应用信息技术(科技也是发展教育的重要生产力)、评估教育质量(质量保证是硬指标)。②

【履职建议】

校长要把握国内外学校改革和发展的基本趋势,学习借鉴优秀校长办学的成功经验,必须提升自己的学习领导力。主要体现在如下几点。

(1)要牢固树立终身学习的观念,将学习作为改进工作的不竭动力。

在迅速变革的时代,学习是工作方式与发展方式,校长要树立终身学习观念,持续不断完善自身知识结构与能力结构,开阔眼界与思路,提升修养

---

① 陈永明等:《〈中小学校长专业标准〉解读》,北京:北京大学出版社2011年版,第22页。

② 陶西平:《当今世界教学改革潮流指向》,载《中国教育报》,2013年11月30日。

与智慧，并把学习所得运用到学校改进之中，促进学校持续发展。

(2)要对自己的学习进行规划。

分析自己理念结构、知识结构、能力结构，找到自己需要提升的短板与不足；同时，要分析社会发展，找到需要更新的地方，尤其是学校改革与发展的经验与趋势，需要校长随时关注、反思，并根据自己学校情况进行创新性探索。

了解学习的途径，寻找合适的学习途径。校长学习的途径很多，如向书本学习、参加培训班、参观考察、跟岗学习(影子学习)、实践反思、课题研究等，每种途径都有其优点与不足，因此校长要根据自身情况，运用多种途径提升自我。

(3)善于学习，提升学习与借鉴的层次。

校长学习的层次主要有四种，即走马观花式：简单看看、听听、走走，多是被动"要我学"状态，缺乏思考。刨根究底式：不仅要知其表，还要就其里，属于主动"我要学"状态，善于思考。融会贯通式：博采众长，把所学进行整合，形成自己的知识与经验体系，属于主动"会学"状态，不仅是善于思考，而且还善于整合。创新发展式：对所学结合实践进行创新，形成自己独到的先进观念、理论体系，属于主动"善学"状态，不仅善于整合，而且要有创新。

关于借鉴国内外学校成功改革经验问题，一般来说校长的借鉴有三个层次：一是借鉴学校改革的具体举措与办法；这种借鉴属于"术"的层面，一不小心就变成了简单照搬式借鉴，容易出现"水土不服"。学校变革之术千千万万，都有学校、校长个人的限定性。二是借鉴学校改革的思路与战略；这种借鉴属于"法"的层面，能够让校长借鉴具体举措背后的逻辑框架，而这些是能够比"术"具有更多的迁移性与指导性。三是借鉴改革的指导思想与理论；这种借鉴属于"道"的层面，能够让校长超越具体的"法"，而上升到哲学层面来审视学校改革与发展问题。善学的校长，在借鉴他人时往往这三个层次都能够做到。

(4)注重学习型组织建设，使学校成为师生共同学习的家园。

在组织中，学习存在个人、团队、组织三个层面。校长不仅要个人树立终身学习理念，提升个人学习层次，而且还要作为学习促进者，打造学习型团队，建设学习型学校。

【示例分析】

案例 1-5：国内访学——不出国门的留学①

北京市中小学干部教师国内访学计划（Domestic Study Program，DSP）是北京市教委落实北京市建设世界城市定位、践行《国家中长期教育改革与发展规划纲要（2010—2020 年）》精神而提出的一种新型干部教师培训项目。北京市教委进行整合创新，利用北京市拥有一批优质的国际学校教育资源，组织北京市的中小学干部教师不出国就能"留学"，即国内访学。(1)通过前期的理论培训整体把握国际教育、教学、管理的理念。(2)通过中期一个月深入国际学校深度访学，全方位学习国际学校先进经验；这种深度访学是浸润式、体验式学习，学员全天候浸润在国际学校，参加听课活动、教师研讨活动、学生活动、学校管理活动等。这种访学是个性化学习，国际学校根据学员的具体情况（岗位、学科、学段、需求等）为每个学员量体裁衣，制定个性化学习课表，满足其不同的学习需求。这种访学是有指导的参与式学习，项目组派指导教师，深入每所国际学校，全程指导学员的学习活动，从而避免学员个人的局限性。这种访学也是研究性学习，学员在全面了解国际学校教育教学管理的基础上，结合自己的课题进行研究，深度学习借鉴国际学校某一方面的经验。这种访学是以北京市内国际学校访学（一个月）为主、外省市国际学校访学（一周）为辅的学习。(3)通过后期的学校改进跟进指导、课题研究总结提炼，促进干部教师改进学校管理与课堂教学，提升学校发展的国际化水平与质量。因此，国内访学培训模式对学员素养的提升是全方位的。

分析：

国内访学计划（DSP）将很多有价值的培训元素进行整合创新，打破了国际学校与北京市立学校缺乏交流的壁垒，将理论学习与实践学习有机结合，强调研、训、改一体，强调培训专家与资源的国际化、优质化，体现出项目设计的高端性与专业性，不仅能够全方位提升参训干部教师的理论素养，开阔视野，学习国际学校优秀办学经验，把握国际教育改革热点与趋势，而且

---

① 陈丽、胡荣堃：《国内访学：不出国门的留学》，载《中小学管理》，2013 年第 7 期。

能够与国际学校建立良好的合作关系，带动学校国际化发展。因此，受到参训学员的高度肯定与赞誉，满意率达100%，也成为北京市中小学干部与教师希望能够进入的品牌培训项目。

6. 掌握学校发展规划制定、实施与测评的理论、方法与技术。

【要点解读】

学校发展规划的重要性和复杂性要求校长在规划学校发展时，要吸收与运用一系列规划科学的知识、技术和方法，以提高学校发展规划的技术含量，增强规划的严谨性、科学性和可行性。

(1)学校发展规划的制定。

学校发展规划的制定是通过多主体参与的资料收集、分析与整合，在全面分析发展现状的基础上，以文本形式呈现一所学校未来3—5年发展蓝图的过程。在规划制定过程中，强调：

①多主体参与规划制定。学校的发展关系到多种利益群体，包括学校领导、教职工、学生、家长、社会有关部门、教育管理部门、外部专家，等等。在规划制定的整个过程，都要通过访谈、问卷调查、研讨会、头脑风暴、专家咨询等多种方法收集资料和信息，自下而上与自上而下相结合，提高学校不同利益主体的积极性和参与度。

②以校情/现状分析为基础。校情/现状分析是一种用系统、辩证的思想与方法客观地综合分析学校的现状，认清学校生存发展的现实基础，使学校对自身进行正确定位，为学校未来发展规划的制定提供科学客观依据的活动。最为常用的技术是 SWOT 分析法，即全面分析学校发展的内部优势与劣势、外部机遇与威胁，在系统分析的基础上形成战略决策。还可以采用雷达图分析学校各个方面的状况，采用 PEST 分析法(即政治、经济、社会和技术四个维度)或社区地图等分析社区资源。此外，还可以运用标杆分析法(Benchmarking)，即选择优秀学校作为标杆，通过对比分析找到具体差距，有针对性地改进提升，或者采用问题树、问题归类、问题的优先排序等方式，明确学校发展存在的主要问题。

③有层次、可操作的发展目标。在现状分析的基础上，需要确定学校的

总体发展目标和相关的优先发展领域及具体目标。这一过程要求把学校发展的长期愿景和近期需要或问题结合起来，综合考虑形成适切的发展目标及各项工作的优先次序。设定的目标应该符合 SMART 原则，即目标要具体明确（Specific）、可量化（Measurable）、可达成（Attainable）、有相关性（Relevant）、有时限（Time-bound）。

（2）学校发展规划的实施。

学校发展规划的实施就是学校通过相应组织机构，运用组织资源，采取一定的措施，将学校发展规划文本形式的内容转化为实际行动，实现既定发展目标的动态过程。其关键在于总体发展目标的分解、细化，即根据学校总体发展目标和学校的工作实际，将总体发展目标分解为阶段性工作目标（比如学期或学年的工作目标）；然后，根据阶段性工作目标，发动相关人员进行研讨，明确具体工作的操作或运行步骤，规定或明确这些工作的操作要点，工作的主要责任者或部门设计操作要点的检测或评价指标。在学校发展规划实施的过程中，要根据阶段性工作目标和检测评价指标，作好阶段性工作总结，以确保规划实施工作的切实有效、有序开展和逐步深入。[1]

同时，要营造良好的实施环境。一方面，在规划实施前利用各种正式和非正式沟通渠道，传递规划的实施信息，动员组织成员参与规划目标的分解与落实，形成他们对规划实施的心理认同和参与意愿。另一方面，在规划实施过程中，保障所需的人、财、物等各项资源及各项保障机制的落实，加强配套的专业发展活动，提升组织和个人的执行力。

（3）学校发展规划的测评。

学校发展规划的测评是学校依据规划实施过程中收集的信息和资料，在一轮规划的末尾，对规划实施过程和效果进行的一种自我评价。测评的内容主要包括以下四个方面。第一，学校规划目标实施的达成度。这是考察和评价学校发展规划实施的最基本也是最重要的内容。第二，学校在实施规划中的创新与发展。这是考察学校能否针对规划实施过程中出现的新问题、新情况，创造性地调整、落实规划内容。第三，学校在发展过程中对社会的影响和经验辐射情况。第四，学校可持续发展的新规划的制定。这是看学校在实

---

① 谢利民：《学校发展规划的制定、实施与评价》，载《教育研究》，2008 年第 2 期。

施规划过程中是否对下个阶段的持续性发展进行了思考与设计。①

　　用于测评的各项资料可以通过访谈、问卷调查、文件和记录、讨论、观察等收集。学校还可以借助外部专家或第三方机构进行独立评估，为学校提供更为科学、客观的测评结果。

【履职建议】

　　作为学校领导者，校长可以通过以下三个途径有意识地持续学习和增强自身对学校发展规划相关理论、技术和方法的了解和掌握，从而更好地发挥自身在学校发展规划制定、实施和测评过程中的领导作用。

　　(1)加强自学，增强理论素养。

　　在日常工作中，校长要加强自学，既要学习学校发展规划的相关学术成果，系统了解学校发展规划的理论与实践，又要广泛阅读相关的管理学论著，如《战略管理》《目标管理》等经典著作，深度理解管理学领域的相关理论与实践策略。

　　(2)重视专家指导，借助外脑提升能力。

　　校长要积极参与学习(如培训、研讨、学术会议等)，向相关领域的专家请教。有条件的，更可以邀请相关专家参与、指导本校的学校发展规划，在专家的指导下进一步提升自身领导学校发展规划的能力。②

　　(3)积极实践，在做中学。

　　实践是最好的学习途径。校长要充分利用各种实践机会，把理论运用于实践，在领导学校发展规划的实际工作中，加深理论认识，提升实践能力。

【示例分析】

案例1-6：北京八十中六年发展规划的制定③

　　2007年底，北京八十中着手制定六年发展规划(2008—2014年)。田树林校长认为，学校发展规划是指通过学校共同体成员的共同努力，系统地分析

　　①　谢利民：《学校发展规划的制定、实施与评价》，载《教育研究》，2008年第2期。
　　②　李丹：《学校发展规划视野中的校情分析研究》，上海：上海师范大学硕士学位论文，2011年。
　　③　本案例改编自田树林：《学校发展规划：校长引领学校发展的蓝图》，载《中小学管理》，2010年第11期。

学校原有基础及学校所处的环境，发现学校的优先发展项目，确定学校的发展方向和教育目标，促使学校挖掘自身的潜在资源，按照自己的价值观，提高学校的管理效能，最终提高学校的教育质量的过程。因此，田校长在领导学校制定六年发展规划时，重点完成了下面的工作。

(1)明确制定规划的主体是"共同体成员"，包括校长、教师、后勤工作人员、学生家长、投资方、学校管理委员会和地方教育官员。先后召开老、中、青和特级教师4个座谈会，用头脑风暴法集思广益；又召开专家和家长座谈会，征求意见，形成初稿，交教代会讨论。

(2)重视校情分析，自上任之初就全面深入了解校情，在读懂学校、对学校的主要绩效指标基本胸中有数时再着手领导规划制定工作。同时，深入思考和把握与学校发展相关的世界教育发展的趋势、国家教育改革和发展的总体战略、学校所在区域的发展背景。

(3)在规划制定过程中，始终把易于落实放在中心位置，副校长与部门主任和教研组长、处室主任与员工、教研组长与教师的反复沟通，交换意见。边修改，边落实，规划与工作同步螺旋式上升，前后共用了近3年时间。

在田校长的领导下，规划制定过程成为学习型组织建立的过程，学校主动发展的过程，不断提高教学质量和建构学校特色的过程，以及教职工明确目标、树立和实现职业理想的自主发展过程。

分析：

上面的例子虽然只聚焦于校长在制定学校发展规划时的部分做法，但却显示出校长对学校发展规划制定的相关理论与实践策略的深刻理解和全面把握。在领导制定规划的实践中，校长认识到制定规划是学校各类利益主体共同参与的过程，并通过适当的方式、方法，组织学校的不同成员参与到规划制定中。同时，校长把规划的制定建立在校情分析的基础上，全面把握学校的内部状况和发展的外部环境，并把落实放在制定工作的中心位置，从而保证了规划目标既高瞻远瞩，又切实可行。正是对学校发展规划制定理论和实践的深刻把握，才促使校长不仅成功地领导学校制定出切合实际的学校发展规划，又把规划的制定过程变成了一个组织凝聚人心、学校自主发展的契机。可见，要想成功地领导学校发展规划的各项工作，校长需要全面掌握相关的理论、技术和方法。

三、专业能力与行为

7. 诊断学校发展现状，及时发现和研究分析学校发展面临的主要问题。

【要点解读】

制定学校发展规划首先必须对发展现状进行诊断分析，这是制定学校发展规划的前提和起点。教育发展是一个连续体，只有以未来为导向，把学校发展的历史、现状和未来作为一个有机整体去考察，才能对学校发展做出科学的判断。因此，在规划制定过程中，校长必须要先摸清自己的"家底"，对学校发展的历史和现实进行"诊断"，即通过反思性分析，深刻剖析学校的发展基础、优势和薄弱环节，以及学校在发展过程中所面临的机遇和挑战。①

诊断常用的方法有很多，比如访谈法、问卷调查法、现场观察法、资料查询法，等等。在具体操作中，对内，校长要领导规划工作小组充分动员、调动学校全体职工、学生、家长的参与，通过访谈、问卷调查、研讨会、头脑风暴等多种方法，获得学校运行状况的真实资料和对学校发展现状的反思。对外，校长可以通过访谈、研讨、专家咨询等方式，从教育主管部门、社区相关部门、学术专家获得学校外部环境的相关信息和对学校发展现状与未来的建议。

在收集了学校发展现状的信息后，要运用一定的方法对这些信息进行分析。较为常用的分析技术是 SWOT 分析法，即对内部的优势（Strengths）与劣势（Weakness）、外部的机遇（Opportunities）与威胁（Threats）的基本判断。首先要做出学校发展的 SWOT 清单。然后，构建 SWOT 发展战略类型图。这需要将优势和劣势分别于机遇和威胁进行配对，然后建构一个坐标系，把学校的优势和劣势与机会或威胁的配对分别放在相应的象限，形成不同的发展

---

① 谢利民：《学校发展规划的制定、实施与评价》，载《教育研究》，2008 年第 2 期。

策略，即 SO(开拓型)战略、WO(扭转型)战略、ST(觅机型)战略和 WT(防护型)战略。这就为学校规划未来的发展提供了可选择的战略类型。

【履职建议】

现状诊断是学校发展规划制定过程中的首要环节。校长要充分认识到这一过程的重要性，采取适当的方式和方法，领导整个诊断过程顺利开展。

(1)率先分析、反思学校的运行状况。

在现状诊断过程中，校长要始终想在前面，做在前面，通过自身在日常工作中的观察、记录与思考，形成对学校运行现状的系统性梳理和反思性分析，从而激发、引领全校成员对学校的各项工作和整体风貌进行更加深入、细致的考察。

(2)具备民主观念，多主体参与诊断。

诊断是一个需要学校各个利益主体共同参与完成的过程。校长树立民主观念，通过多种方式和渠道让学校的教师、职工、学生和家长等参与其中，运用各种信息收集方法，掌握学校发展状况的第一手资料。此外，还可邀请校外专家从更为系统、理性的视角就学校的运行状况做出诊断。

(3)综合运用诊断方法与分析方法。

校长要针对不同类型的群体或不同目标的诊断活动采用适当的技术和方法，综合使用各种诊断方法与分析技术，提高诊断的科学性和可靠性。同时，要不断加强理论学习，借助自学、培训等多种学习途径，掌握更多的校情分析的相关技术和方法，提升自身的管理能力。

【示例分析】

案例 1-7：江苏省锡山高级中学实验学校运用 SWOT 分析法诊断学校发展现状[①]

江苏省锡山高级中学实验学校是一所九年一贯制学校。该校在制定学校发展规划时，运用 SWOT 分析法全面诊断学校的发展现状。这一过程主要有两个步骤。

(1)对学校的基本情况进行全面分析，明确与学校发展相关的内外部情况。

---

① 韩建芳：《例谈 SWOT 分析法在学校发展规划制定中的运用》，载《文教资料》，2012 年 1 月号下旬刊。

表1-1 江苏省锡山高级中学实验学校基于SWOT
方法的学校内外环境因素分析

<table>
<tr><th colspan="2"></th><th>S(优势)</th><th>W(劣势)</th><th>O(机会)</th><th>T(威胁)</th></tr>
<tr><td rowspan="7">内部因素</td><td>学校规模</td><td>1907年建校，历史悠久；生均占地面积大，学校有较大的发展空间。</td><td>班额过大影响教学质量；外来务工子女占三分之一强，学生水平参差不齐。</td><td>挖掘百年历史，打造有特色的校园文化。</td><td>寄宿生比例高，学生的管理难度大，校园安全保障难度大。</td></tr>
<tr><td>硬件设备</td><td>理化生实验室、图书馆、计算机房、科技室、体育馆等一应俱全。</td><td>设施设备比较陈旧；学校建筑没有统一规划，不能反映办学理念。</td><td>校安工程的启动，利于学校陈旧校舍和设施的改造，消除安全隐患。</td><td>缺乏完善的整体规划。</td></tr>
<tr><td>教师资源</td><td>有一个敬业爱生、积极进取、业务精湛、大爱大智的教师群体。</td><td>缺乏在教育教学上突出的骨干教师、名师；编制结构不合理。</td><td>以"目标导引"教学为抓手，转变教育教学理念，积极打造高效课堂。</td><td>教师年龄结构老化，教师的身体状况不能适应高强度教育教学工作。</td></tr>
<tr><td>行政管理</td><td>中青年干部多，有活力，有抱负；领导和管理层有革新的魄力和决心，团队意识强。</td><td>和教师的认知有落差，互动不够，配合欠佳；沟通不足，规划不周详；处理问题的方法单一。</td><td>通过采取行政岗位轮岗制，增加工作经验；适当增加行政人员，形成竞争机制。</td><td>眼界不够开阔，新观念还没有完全确立；沟通渠道不够畅通，配合欠默契。</td></tr>
<tr><td>管理制度</td><td>组织机构设置完整，制度健全，并能不断持续改进。</td><td>各项组织制度弹性不足，一定程度上滞后于学校的发展。</td><td>扁平化管理让学校的各项制度更为灵活。</td><td>新的形势下需要灵活、与时俱进的组织制度。</td></tr>
<tr><td>课程与教学</td><td>课堂教学改革初见成效，是我市课改先进学校；是苏教版数学教材学科基地学校。</td><td>校本课程门类少，开设不甚合理；德育活动还没有课程化；课堂教学改革进入"高原期"。</td><td>风起云涌的课程改革，为学校的二期课改提供政策上的指引和更多的专家引领机会。</td><td>社会对教学质量片面追求对学校发展是一种无形压力，直接威胁到课程与教学的改革。</td></tr>
<tr><td>学生</td><td>本区域的两所小学教学质量稳定，为我校提供较好的生源；师生关系融洽。</td><td>外来务工人员子女比例高达30%，学习基础差，部分学生缺少创造力和自信心。</td><td>学生个性鲜明，思维活跃、可塑性强；学生社团的建设大有可为。</td><td>游戏室及其他不当场所诱惑力大；新一轮的"读书无用论"对学生冲击大。</td></tr>
</table>

续表

		S(优势)	W(劣势)	O(机会)	T(威胁)
内部因素	家长	纯朴、善良；多为农民和乡镇企业工人；逐渐重视孩子的教育问题。	成分复杂，文化程度偏低，缺乏对学生的学业成就的考虑，易于满足现状；缺乏与校方沟通的主动性。	家校共建的空白点多，易于出成果；家长对于教育质量的衡量趋于理性。	贫困家庭相对较多；家庭教育难以落实；对校务运作了解不够，容易发生误会。
外部因素	地理环境	老校区校园环境优美，百年积淀，有浓厚的学习氛围；学校周边环境较安静。	位于惠山区最西面，与常州武进接壤，远离市中心，交通不够发达；居民人文素养参差不齐。	2009年起我校独立建制，成为有独立法人资格的学校，办学自主权增强。	我校位于镇区中心，校门正对交通繁忙的马路，学生上下学危险性大。
	社区资源	社区对学校各项工作给予支持；社区共建的意识和氛围初步形成。	社区参与学校活动的兴趣不高；欠缺正确观念和方法。	社区与学校双方均有坦诚开放的共识。	多样化活动不易。

（2）从优势、劣势、机会和威胁四个维度分析每个要素，建构 SWOT 矩阵，逐一进行交叉分析，从而寻求最佳的对策，确定行动方案。

表1-2　江苏省锡山高级中学实验学校 SWOT 分析矩阵与四种战略

S(优势)	学校历史悠久，周边环境安静，生均占地面积大，学校有较大的发展空间；学校有一支敬业爱生、积极进取、业务精湛的教师群体；领导和管理层有革新的魄力和决心，团队意识强；学生对教师有信任感，师生关系融洽；家长逐渐重视孩子的教育问题，社区对学校各项工作给予支持。
W(劣势)	班额过大，明显影响教学质量，教师负荷过重；大部分教师从教10年以上，有一定教学经验，但安于现状，缺乏接受新事物和新理念的热情；行政人员遇到问题处理问题的方法单一，缺乏创新能力；课堂教学改革进入"高原期"；家长现代教育理念不足。
O(机会)	能充分利用现有校舍开展小班化教学；校安工程的启动，利于学校陈旧校舍和设施的改造，消除安全隐患；建立新的教研制度和教师评价制度；通过采取行政岗位轮岗制度，增加工作经验；扁平化管理让学校的各项制度更为灵活。

续表

T（威胁）	寄宿生比例高，学生的管理难度大，校园安全保障难度大；校舍陈旧，建筑质量问题较多，有安全隐患，维修负担重；行政人员眼界不够开阔，新观念还没有完全确立；家庭教育难以落实；学校地理位置存在交通安全隐患。
WO	在教育主管部门的领导和支持下，积极利用社区和当地资源，改善办学条件，尝试开展小班化教学，加大组织制度的弹性力度，提高教师教科研积极性，加强校本课程的开发广度和深度，增强与家长联系的主动性，共同做好学生的培养工作等。
SO	在社区的大力支持下，学校领导充分利用本校的现有资源，不仅要对学校外部环境优化改造，还要在激励教师制度、课程改革、与家庭社区联系等方面加大力度。
ST	在师资力量优良的基础上，注意培养优秀人才，保持教师梯队的完整；决策层注意组织制度的与时俱进性，及时调整不合理的机构设置；与社区合作，开展多样的活动，培养学生的团队意识和社会责任感；加强安全意识，杜绝交通隐患等。
WT	对于学校所处地理环境和规模等硬性条件的限制，要正确对待和认识，加大内部管理力度；尽量避免教师的职业倦怠现象的发生；防止组织机构设置的僵化；充分认识校本课程开发的艰巨性和重要性；增加沟通渠道，避免与家长交流存在误区和不畅等。

以上步骤形成了 SO、WO、ST 和 WT 四种战略。在构造矩阵时，学校注意将那些对学校发展有直接的、重要的、迫切的影响因素优先排列出来，将那些间接的、次要的、可缓的影响因素排列在后面。这样，影响因素的轻重缓急就一目了然，便于学校领导者思考相应的战略。

分析：

在上面的例子中，江苏省锡山高级中学实验学校充分运用 SWOT 分析法，全面识别影响学校发展内外因素中存在的优势、劣势、机遇、威胁，进而建构起 SWOT 发展战略类型图，为学校发展提供了一系列的可选策略，为科学决策和规划提供了良好的基础。可见，对学校发展现状的分析绝不是简单的统计资料的堆积、现象的描述或事实的归纳，而是需要运用科学的技术和方法，对各种事实进行辩证、系统的分析过程。只有这样，才能在杂乱繁芜的各种信息中，抽取出对学校发展至关重要的影响因素，识别出主要矛盾和次要矛盾，明确学校发展的有利条件与不利条件以及应该优先解决的问题，从而制定出具有针对性、适用性的发展规划。

8. 组织社区、家长、教师、学生多方参与制定学校发展规划，确立学校中长期发展目标。

【要点解读】

规划制定过程就是共谋、共识过程，其核心是发展目标的确定。在制定学校发展规划的过程中，校长的一项主要工作就是组织社区、家长、教师、学生多方参与制定学校发展规划，确立学校中长期发展目标。这是学校规划制定的各类主体在现状诊断的基础上对学校未来三至五年发展目标形成集体共识的过程。

组织社区、家长、教师、学生多方参与，明确他们的角色与作用。学校规划制定的主体主要有以校长为代表的学校领导集体、教师、学生、社区代表、家长等利益相关者。校长等学校领导是学校发展规划制定的关键人物，在发展目标制定中要发挥好引领、统筹的作用；学校师生是学校主体成员，不仅要从自身发展角度关注学校发展目标，更要以"主人翁"的态度积极思考学校的发展目标；家长、社区是学校的服务对象和合作者，他们既对学校的发展有着自身的期望和要求，又为学校发展提供资源支持和舆论氛围，此外，还可邀请校外专家作为顾问，对学校发展目标的制定进行指导、咨询。

在凝聚多方智慧的基础上，确定学校发展的中长期发展目标。学校发展目标是学校发展理念的外化。同时，学校发展目标往往是总体目标、最终目标，具有战略性特征，需要分解或具体化为可操作的具体工作任务。因此，在目标形成过程中，需要逐层思考学校发展的基本理念、总体目标、重点工作。

学校总体发展目标的设定，需要从学校的现实情况和发展的可能性出发，对学校未来的发展水平进行合理的预期。在目标确定过程中，可参考"SMART"目标分析法的要求，即设定目标必须是：具体的、明确的；可检测的、可量化；可实现的、可完成的；真实的、相关的；必须有时间要求的，时间限制的。

在形成总体目标的基础上，要根据教育改革的要求和学校特色创建的需要，选择学校优先发展项目，明确完成优先发展项目所需的时间和条件。优先发展项目是统率学校全局工作的总领性项目，是总体目标的发展载体。精选对学校发展具有关键影响的优先发展项目，是系统分解总体发展目标，统筹学校各项具体工作的关键环节。

学校中长期发展目标的形成不是一个简单的收集意见或上传下达的过程，而是一个需要反复研讨、上下结合的集体学习过程。主要分为两个阶段。第一阶段，是针对学校中长期发展目标的广泛讨论。在这一阶段，校长要以学校现状诊断结果为基础，组织学校各类成员开展一系列的讨论和研讨，研究学校发展的基本理念、未来三至五年的发展目标及相应的工作重点。第二阶段，是整合形成目标草案后的再讨论。经过广泛讨论后，校长要整合各方意见和建议初步形成学校发展目标的草稿。然后，再与各方主体交流沟通，组织他们针对草稿进行深入的讨论，最终达成一致，形成全校成员一致认同的目标方案。

【履职建议】

在学校发展目标的制定过程中，校长要明确自身的角色，发挥自身的引领、组织、协调和决策作用。为此，校长要在工作中承担下面四个角色。

(1)学校发展理念的引领者。

校长要始终把对学校教育哲学的思考作为自身工作的重点，走在学校成员的前面，引领与传播先进的学校发展理念，促成学校发展共同愿景的形成。

(2)学校发展规划的组织者。

在学校发展规划的整个过程中，校长是各项活动的最高组织者和指挥官，要整体计划各项工作的程序，直接或间接组织各方制定主体的讨论活动。

(3)学校利益主体的沟通者。

校长要通过各种正式和非正式渠道，保持与学校各类利益主体的沟通与交流，协调各方利益和需求，为规划的制定、实施和测评营造一种积极、和谐、支持的氛围。

(4)学校发展目标的战略决策者。

作为学校的最高领导者，校长要对学校的发展有着清醒认识和战略思考，在各种发展可能性中果断做出战略决策，确立学校发展的战略性目标。

【示例分析】

案例 1-8：上海市闵行区某公立小学三年学校发展规划制定过程①

在上海市闵行区某公立小学制定三年学校发展规划的过程中，该校校长充分发动教师、学生、家长和社区的力量，使他们参与到规划的制定过程之中。她的主要做法有：

第一，关注教职工。校长认为，学校发展规划的制定过程就是一个不断认同的过程，制定规划首先要获得教职工的支持。因此，她与每个教师、职工谈心，注重情感交流与激励，了解他们对学校发展的看法，交流自己的想法，鼓励他们给学校发展提出建议。

第二，关注学生。校长认为，学生发展是学校发展的基本目的，规划活动离不开学生的参与。因此，在规划制定过程中，学校通过学生座谈会等途径获得学生的意见，并且从学校层面发展到班级与学生，出现了班级发展计划、学生发展计划。

第三，关注外部因素。校长强调规划活动要善于借"外脑"，利用外部有利因素，帮助学校学习并改进规划工作。学校重视听取家长和社区意见，利用社区资源，建立与完善学校发展自愿者委员会，努力办好家长学校。同时，重视督导和上级行政部门的指导，汲取兄弟学校的办学经验与教训。

经过反复讨论与探究，几易其稿，学校根据发展实际、社会需要与教育发展要求等方面确定了三年发展规划，形成了学校成员共同认可的使命陈述、发展目标和优先发展领域。

分析：

在上面的例子中，该小学校长充分认识到规划制定过程中各方主体参与的重要性，并采取切实措施，让各利益主体充分表达自己的想法，为发展目标的形成提供了可资借鉴的意见和信息，并为形成共同认同的发展目标奠定了良好的思想基础。这一过程展示出一种"成人"取向的学校发展规划制定过程。它将个人、群体的发展融入学校发展规划和发展目标的制定过程之中，使

---

① 童康：《学校发展规划研究》，上海：华东师范大学硕士学位论文，2002 年。

学校成员将自己的个人发展融入学校发展过程之中，并通过多次的沟通交流使他们对学校的发展目标及发展措施达成共识，从而形成学校发展的合力，使学校发展规划和发展目标的确立成为凝聚人心、达成共识的过程。

9. 落实学校发展规划，制订学年、学期工作计划，指导教职工制定具体行动方案，并提供人、财、物等条件支持。

【要点解读】

制定学校发展规划，其目的并不在于拿出一个学校的"规划文本"，而是在于把规划付诸行动，实现预期的目标，否则设定的发展目标不过是一纸空文。要做好实施工作，校长应抓好以下环节。

（1）分解学校总体发展目标。

落实和实施学校的发展规划需要将学校的总体目标进行分解，把较为宏观、抽象的发展目标转化具有可操作性的具体工作目标。在规划实施过程中，校长要领导学校相关部门和人员，将规划的总体目标和工作任务分解为学年、学期工作计划，再据此制订学校各部门的分年度、学期工作计划，让学校每一个部门都有具体明确的目标、任务，便于行动和实际操作。

（2）制定具体的行动方案。

在明确了各个部门工作任务的基础上，校长要指导教职工制定具体工作的操作步骤，即具体行动方案。在制定具体行动方案时，必须要明确负责实施行动的人和具体监控与评价的人；行动计划的时限必须明确，什么时候开始行动（活动与措施），什么时候监控，什么时候评价与总结等都应明确。同时，要注意行动方案的弹性，不要强求一成不变，允许根据实际情况的变化而进行修正，不断地将原规划或行动计划中存在的问题，进行调整和完善。①

（3）确保规划实施的各项保障。

学校发展规划各项目标的达成和行动计划各项任务的有效完成，必须有相应的保障措施，即完成工作所需的人、财、物等各项条件支持。因此，在

---

① 田继忠：《学校发展规划：意蕴、制定与实施》，载《教育学术月刊》，2012 年第 5 期。

统筹协调学校各个部门工作任务的基础上，校长要确保各项工作的人员分工合理，责任明确；在校内倡导团队合作精神，促进教职工的专业发展，保证员工工作能力的持续提升；在经费上要最大限度地挖掘自身潜能，同时争取相关部门的关心和支持；掌握学校现有各项物资的情况，及时了解各项工作的资源使用状况，充分挖掘可利用的外部资源，确保各项工作所需资源的充足。①

【履职建议】

在落实学校发展规划的过程中，校长既要引领全校成员将学校的发展目标落实到自身的工作中，又要自下而上形成学校各项工作的具体行动方案。为此，校长要注意以下几个方面的工作。

(1)精心动员，指导发展目标的分解过程。

规划的落实需要全体学校成员的努力，因此校长要充分宣传、动员，让学校成员对规划的落实形成共同的认识和行动的意愿，并在目标的分解过程中持续解读学校发展规划，指导教职员工加深对学校发展目标的理解，帮助他们更好地制订自身的具体工作计划。

(2)充分赋权，自下而上形成各项具体工作的行动方案。

学校发展目标的分解和落实将学校目标与个人目标连成一体，要求建立起从校长到教职员工的全员参与、全面参与、全程参与的科学管理体系。这要求校长在专业工作领域充分赋权，强调分权与自我控制，由具体工作的负责人自行计划、预期自身的工作步骤、成果与评价。

(3)以人为本，促进教职员工的专业发展。

学校任何工作的执行状况都基于人的能力，尤其是执行力。提高学校教职工的工作能力与执行力是确保学校规划切实有效的关键所在。因此，在落实发展规划过程中，校长要有意识地采取措施促进教职员工的专业发展，提升他们自身工作所需的专业能力和实现工作计划的执行力。

---

① 田继忠：《学校发展规划：意蕴、制定与实施》，载《教育学术月刊》，2012 年第 5 期。

【示例分析】
案例1-9：上海市某初级中学学校发展目标的分解①

上海市某初级中学在落实学校发展规划的过程中，首先对发展目标逐级分解，将全校总的发展规划，逐级分解为部门、组室和个人发展计划。该校校长认为，目标不仅要在时间维度上进行纵向的年度分解，更要在组织程序和职责分工上进行纵向的逐级分解，最终在全校形成目标一致的合力。

因此，在校长的领导下，该校首先把学校发展目标按年度分解，形成年度工作重点和目标，然后各个部门依据学校的总体目标和年度目标形成部门发展计划，组室再对部门发展计划进行分解形成组室发展计划，最后每一位教师员工基于组室发展计划形成个人发展计划。

其中，部门发展计划主要包括发展目标、实施途径、成功标志、所需支持、监控和评价方法等内容；组室发展计划涉及重点发展方向、目的、任务、措施、责任人、所需条件、监控与评价方法、成功标志、部门负责人认定意见等方面；个人发展计划则主要包括发展重点、目的、成功标志、措施、培训需要、工作需要的支持、监控与评价方法等要素。

最终，学校的发展规划和总体目标细化为各个层次的行动计划，其中详尽规定了各个层次发展的具体行动目标与措施等。这就使学校发展目标落实到学校各个层面，使学校上下拧成一股绳，围绕学校的发展目标共同奋斗。

分析：

上面的例子具体展示了一所学校在落实发展规划过程中对发展目标的分解过程。目标分解是学校发展规划落实的首要环节，是目标管理理论的具体运用，具有较强的技术性。该校校长充分认识到它的重要性和技术性，按照组织程序与责任分工的逻辑，带领全校成员将学校总体目标具体化为各部门和组室的分目标，并将分目标落实到个人，从而建立起一个自上而下层层展开的发展目标体系。同时，各级工作计划明确规定了各项目的目标、任务、人员、评价方法和保障措施等，适合学校工作的实际需要并具有很强的可操作性。通过这一过程，充分体现出目标管理的基本理念。

---

① 童康：《学校发展规划研究》，上海：华东师范大学硕士学位论文，2002年。

10. 监测学校发展规划的实施，根据实施情况修正学校发展规划，调整工作计划，完善行动方案。

【要点解读】

所谓监测，就是通过一定的方法观察某一现象是否发生、发生到什么程度。监测一般与评估在一起进行，评估是对目标完成情况的估价。评估建立在监测基础上。在实施学校发展规划过程中必须进行监测评估，因为监测评估具备三大作用。一是诊断与鉴定作用：判断规划执行情况，诊断规划本身是否存在问题、规划实施过程中的问题；鉴定是否达到规划设计目标。二是调节与改进作用：根据监测发现的问题，修订规划，调整工作计划，完善行动方案。三是监督与导向作用：监督规划实施过程，及时发现规划实施的创新点、经验，进行引导与传播。这三大作用保证了学校发展规划的科学落实。

监测的主体分为内部监测主体与外部监测主体。内部监测主体是学校自身对发展规划实施情况进行的监测，这种监测称为内部监测；外部监测的主体是专家组、上级领导、第三方，他们对学校发展规划实施情况进行监测评估，这种监测被称为外部监测。校长可控的主要是内部监测，但要正确认识、运用外部监测，把其看作促进规划科学落实、学校科学发展的重要手段。

监测的内容，是规划目标达成情况、规划实施的创新与发展情况、学校在发展过程中对社会的影响和经验辐射情况、学校可持续发展等。

监测的类型，依据不同标准就有不同的分类。一是按照监测时段分为定期与不定期监测。定期监测主要有学期总结、学年总结、三年总结；不定期监测是在学校发展规划实施过程中根据需要随时进行的监测。二是按照监测方式分为过程性监测与结果性监测。过程性监测是在规划实施过程中的监测。目的是了解规划实施过程中的自然状况，以便及时调整某个阶段的工作方式、方法和策略。目的是帮助学校及时发现优势与问题，采取改进措施。结果性监测是规划实施完成后的监测，目的主要是肯定成绩，总结经验，发现问题，明确今后发展的方向。这两种监测评估方式，相互渗透，相互联系，在实践中两者并用。按照监测的内容分为专项监测与整体监测。

【履职建议】

校长要重视监测评估在学校发展规划实施过程中的作用，建立高水平的监测评估组织，了解监测评估分类，做好有效的内部监测，从而提高学校管理的科学性，推进规划的有效落实与学校的持续发展。

（1）掌握并有效运用内部监测评估的程序，注重监测评估过程的科学性。

规划实施情况的监测一般程序有：成立监测小组——确定监测评估目的与任务——确定监测评估的指标，选择监测评估的方法——安排监测评估过程，进行数据收集——处理监测评估数据，撰写自评报告，提出调整、改进建议。

（2）注重监测评估指标体系研制，注重导向作用发挥。

指标是目标在某一方面的规定，指标有三个特性：一是在某一方面反映目标的本质属性；二是行为化了的目标，具有具体性和可操作性；三是通过实际观测与测定，可以得到明确的结论。[①]

监测评估指标是一个体系，该体系具有强烈的导向作用，能够引导教职员工按照目标体系进行教育教学管理实践，从而有助于推进规划的具体落实。

校长要根据规划的目标进行系统化指标体系的分解，这个分解过程也是监测评估指标体系建立过程。

（3）注重监测评估结果使用，发挥其调节与改进作用。

尤其是学期与年度监测评估结果，直接影响下学期或学年计划调整情况，所以在自评结果出来以后，重点是班子成员应该有针对性的研讨、反思，然后将其情况通过各种方式，告诉给全体师生，引起相关人员的反思与讨论，为调整下学期或学年的计划做好铺垫。

（4）注重调动教职员工参与监测评估的积极性，提升监测评估能力。

首先要成立学校内部监测评估小组，其成员主要由校委会成员和学校各部门负责人、师生代表组成，根据需要，适度邀请专家加入。校长要注意监测评估小组的有效代表性（即结构性代表与质量性代表，结构性代表就是考虑规划实施所涉及的方面，质量性代表就是要考虑小组的履职能力与水平）。其次，注重监测评估小组在监测评估过程中的核心作用发挥。再次，注重发动相关教职员工参与监测评估的积极性，既使他们认识到监测评估对改进自己

[①]　教育部人事司组织编写：《管理创新与学校发展》，西安：陕西师范大学出版社2004年版，第466页。

工作的作用，又提升他们参与监测评估的系统思维、方法技巧与反思能力。最后，注重外部专家的引入，尤其是在进行规划实施的年度或三年监测评估过程中，适度引入合适的专家，既可以避免内部视角的局限，又可以给予学校有关人员管理、教育教学切实的具体指导与提升。

【示例分析】

案例 1-10：北京实验二小永定分校三年规划的监测评估举措①

畅通信息渠道，加强监督反馈。建立立体、交叉、多维的信息网络。在规划的具体实施阶段，学校发展规划委员会、学校发展咨询委员会和各部门，做好规划的咨询指导、检查控制与调节平衡工作，及时纠正管理的偏差行为，保障规划的正确方向和有效运转。

测评成效，利益挂钩。及时做好规划实施各阶段的检查测评工作，通过建立一套科学的评价标准，对各部门及个体的短期目标行为进行评估，将行为绩效与实施奖励挂钩相结合，奖励先进，激励全体，真正提高学校组织的整体效应。

分析：

该校在规划中注重监测评估设计。首先注重多主体监测评估积极性的发挥；其次注重评价标准的研制；最后注重监测评估结果使用，发挥其调节与改进作用，并与奖励挂钩，直接导向。

---

① 本案例改编自：《北京实验二小永定分校三年发展规划》，道客巴巴（http://www.doc88.com/p-087373511755.html）。

第二章　营造育人文化①

学校文化是践行学校办学理念、实现学校培养目标的重要保障，校长要积极营造促进学生全面发展的学校文化。坚持立德树人、德育为先的办学理念，彰显学校文化潜移默化的隐性教育功能，提升教师的教育素养，构建包括家庭、学校、社会等结构要素在内的多层次、多维度的育人文化体系。

一、专业理解与认识

11. 把德育工作摆在素质教育的首要位置，全面加强学校德育体系建设。

【要点解读】

把德育置于素质教育的首位，就是在学校整个工作系统体系内部，坚持立德树人的教育理念，把践行社会主义核心价值观、培养学生良好的道德品质和道德人格作为终极目标，并围绕这个目标来系统设计和规划学校的办学理念、培养目标、课程设置和队伍建设等具体工作。

建设学校德育体系就是在培养良好道德品质和道德人格核心目标的统领下，构建包括家庭、学校、社会等结构要素在内的多层次、多维度、立体化

---

① 本章由迟希新撰写第 11、16 条目，杨雪梅撰写第 12、13、15 条目，杨晓梦撰写第 14 条目，朱洪秋撰写第 17、18、19、20 条目。

的德育体系。并通过系统的德育课程、德育活动使学生道德知识、道德情感、道德意志、道德行为等方面得到全面的发展和促进。把德育置于素质教育的首位是前提、是根本，构建系统的德育体系则是践行"德育为先"理念的实践过程，也是确保"德育为先"的理念能够付诸实施的可靠保障。

德育工作在素质教育中居于首要地位。践行社会主义核心价值观，培养有良好品格的人是素质教育的首要目标。在学校各项教育中居于核心地位，无论是学校的特色打造，还是品牌建设，都不能偏离学生发展的核心和践行社会主义核心价值体系的终极目标。

学校德育必须构建基于良好品格培养的学科课程体系，构建包括德育目标体系、内容和途径体系、方法体系、课程体系、队伍体系、资源体系，以及以综合素质评价为核心的德育评价体系。

从学校内部维度看，学校德育必须整合学校显性课程和隐性课程，切实实施全员德育。从外部维度看，学校德育应积极开发校外德育资源，建立以学校为主导的、家庭和社会广泛参与的"大德育"体系。

【履职建议】

把德育置于素质教育和学校发展的首位，构建系统的学校德育体系，需要校长从办学理念和培养目标的高度审视学校德育的功能，体认德育自身的规律，同时也需要校长紧抓德育课程设置、德育活动的整体设计和德育校本培训等具体德育工作的落实，进而实现德育理念和实践成效的提升。

(1)在全校范围内营造德育为先的氛围。

在办学理念和培养目标的制定上凸显"立德树人，德育为先"的指导思想，并在学校形成全员育人、全过程育人的基本共识。

(2)构建多维度、多层次、立体化、协同性的德育体系。

充分挖掘校内外的德育资源，在充分发挥思想品德课的显性德育作用的同时，彰显学科教学、校园环境、社会实践活动的隐性德育的功能，构建多维度、多层次、立体化、协同性的德育体系。

(3)践行全员育人的德育理念。

摈弃把学校德育视为一项由德育校长、德育主任、班主任，以及少先队辅导员等专门人员负责的具体工作的观念，让每个老师深刻体认自身的教育角色，强化教书育人的责任感和使命感。

(4)提升教师教育能力。

通过有效的德育校本培训帮助教师掌握学生品格发展的基本规律，关注学校德育环境的新变化，提升教师在学科教学、日常交往中实施隐性德育，进行积极价值引领的教育能力。

【示例分析】

案例 2-1：新疆塔里木石油一中德育为先、全员德育管理理念

走进新疆塔里木石油一中校园，迎面会看到一个醒目的标牌——"教育无小事，事事是教育；教师无小节，处处是楷模。"这两句话成为学校德育为先，全员德育管理理念的真实写照。学校不仅把德育置于学校全部工作的首位，而且倡导全员管理，全过程管理的德育管理理念，注重隐性德育课程资源的开发。把发生在学校的所有事件都视为教育事件，把教师的所有言行都看成是具有示范作用的教育影响。从授课教师到保安人员，学校注重强化每一个员工和教师教书育人的责任意识。学校形成了人人注重自身品格修养，人人关心学生成长发展的全员德育氛围。

图 2-1：新疆塔里木石油一中的德育管理理念

分析：

德国教育学家赫尔巴特曾指出："教育的唯一工作与全部工作可以总结在

这一概念之中——道德。道德普遍地被认为是人类的最高目的，因此也是教育的最高目的。"①赫尔巴特从理论的高度阐释了学校把培养良好道德品格的人作为发展终极目标的必然性，学校中的每一个教师和员工都是学校德育的参与者，都是学生品格成长的重要他人的教育现实。塔里木石油一中深刻地领会了这样的教育理念，也积极践行着这样的理念。学校彻底摒弃了把教师员工机械地划分为德育工作者、智育工作者、体育工作者、教学辅助者等的职业角色的区分模式，构建了一个人人参与、人人尽责的全员德育体系。这样的德育理念不仅提升了学校德育的实效性，也让德育为先，育人为本的办学理念真正得到了落实。

12. 将学校文化建设作为学校德育工作的重要方面，重视学校文化潜移默化的教育功能，把文化育人作为办学治校的重要内容与途径。

【要点解读】

建设学校文化，对学生施加积极的文化影响是校长重要的专业职责。

学校文化是在一定历史条件下，学校在其育人活动过程中形成的共同价值观念、思维方式和行为方式的综合体。学校文化内涵构成的维度很多，本文主要从学校文化的结构层次看，学校文化由精神文化、制度文化、行为文化、物质文化构成。学校精神文化是在学校核心价值理念引导下由不同层次的观念系统和精神氛围构成的有机整体。它也可以表述为理念文化，包括学校办学理念、办学目标、培养目标、核心价值观等，往往以校训、校风、教风、学风来体现。学校制度文化是指学校各项规章制度、岗位职责、工作流程等制度在制定和执行过程中所反映出来的价值取向。学校行为文化是师生员工在教育实践中的活动方式所反映出来的价值取向，是学校精神文化的折射和归宿，包括管理文化、教学文化、德育文化和课程文化等活动文化，也包括教师文化、学生文化等主体文化。学校物质文化是学校文化的有形外壳，它以物质为表，蕴文化于内，因而其构成要件主要是两方面，一是学校的物

----

① 张焕庭：《西方资产阶级教育论著选》，北京：人民教育出版社 1979 年版，第259 页。

质结构本身。二是蕴含在这些物质上的思想、规范和价值以及人们对物质环境的态度。①

学校文化对学生的健康成长、全面发展和人格完善有巨大潜移默化的影响。它不仅使学生能掌握系统的自然科学和人文社会科学知识，形成基本技能，发展智力和创造力，掌握科学的思维方式，而且能引导学生树立坚定正确的政治方向，形成科学的世界观和人生观，高尚的思想品德和良好的习惯，健康的审美情趣与身心素质。因此，学校文化具有全面育人的功能，特别是隐性德育的功能。校长要把文化建设看成学校德育工作的重要方面，把文化育人作为办学治校的重要内容与途径。

【履职建议】

校长要从对事务的管理上升到对文化的管理。

(1)了解学校文化的内涵，重视文化的育人功能。

关于学校文化及建设的内涵在前文已有表述，这里不再赘述。校长了解有关学校文化的知识，目的是在进行学校文化建设规划和实施中有一个逻辑框架，更重要的在于关注文化在学校教育中的功能，遏制短视功利的育人思想，消解浮躁盲从的唯智唯分的教育教学模式和管理行为，重视培养学生丰富的情感，重视提升学生的人文精神，帮助学生形成健康、积极的人生观、世界观和生活方式。

(2)校长要提升价值领导力。

实现文化育人，校长不仅要有正确的学校价值观，而且要具有较强的价值领导力。校长的价值领导力是校长立足学校内外部因素，识别、建构、认同和践行学校核心价值的能力。其构成要素为：在多元的社会价值体系中，辨别和把握社会主流价值的能力；具有使教职员工的价值共识并引领能力；具有把学校倡导的价值理念渗透和转化为学校工作领域行为的价值践行能力。校长在总结、梳理、提炼、确立学校办学理念过程中提升价值领导力，在完善学校制度中渗透学校核心价值观，在学校活动情境的关键点进行价值认同

---

① 顾建德：《学校物质文化建设的思考》，载《教育论坛》，2011年第3期。

和引领，在学校的环境建设中提升价值领导力①。

（3）把握学校文化育人的途径和方法。

反思与完善学校的精神文化系统，对师生员工进行价值引领；组织丰富多彩的教育活动，陶冶学生的情操；重视学科教学的渗透，形成学生辩证思维方式和正确的历史观；创设优良的校园文化、和谐的人际氛围，促进学生健康人格的形成。例如，完善学校精神文化系统可以从形成学校办学理念入手，因为办学理念是学校精神文化系统的关键要素。从学校功能定位入手提炼学校的办学理念。重庆市谢家湾小学以"六年影响一生"为办学理念，主张"个性张扬，和谐发展"。源于对小学教育功能的正确理解：基础教育是人受教育的关键阶段，而小学阶段又是基础教育的基础，为人的一生起奠基作用。②

【示例分析】

案例 2-2：北京市朝阳区南湖东园小学精神文化育人功能系统③

在前期广泛调研的基础上，经过多方、多次研讨，朝阳区南湖东园小学面对教育发展的新形势，重新确立"融"文化体系的理念框架。

办学理念：融东西智慧，绘圆满人生。"望京南湖东园小学"，简称为"东园小学"，学校将"东"字与"园"的谐音字"圆"嵌入理念的表述中，彰显以"融"为核心价值观的独特学校文化。"东西"为一切可学习的教育资源，传统与现代、中国与外国、科技与人文、坚守与创新。万事都有相通之理，教育人要以开放创新、悦纳诸事的包容心态，汲取教育精华，做智慧教师，培养智慧学生。期望育人经历成为教师享受圆满教育人生的幸福过程，期望学生在"融文化"的浸润中，具有互赢情怀，阳光的心态，享有幸福的"圆满人生"。

办学目标：通过建设"融"文化，努力打造教师与学生共同发展、共性与个性相互融合的活力校园，把学校办成朝阳区的素质教育示范学校，在北京市有一定影响力的文化品牌学校。

---

①②　杨雪梅：《学校文化建设的关键：校长价值领导力的提升》，载《北京教育学院学报》，2012 年第 3 期。

③　本案例由北京市朝阳区南湖东园小学高俊梅校长提供。

育人目标：通过建设"融"文化，将学生培养成拥有包容心态，悦纳情怀，创新进取的阳光少年。

校训：自信　包容　超越

校风：厚重　灵动　融洽　和谐

教风：博学善启　融会贯通

学风：养正　融通

分析：

这是一个较为完整的学校精神文化体系，其核心部分是学校办学理念、办学目标和育人目标。它向家长、学生和教师表达学校的价值追求。学校经过多方面、多维度、反复对学校已有的精神文化体系进行反思、总结，结合学校面临新的发展形势，通过自下而上和自上而下的途径对学校精神文化体系进行了完善。这表明校长把握了学校精神文化的内涵和建设的基本途径。

13. 热爱祖国优秀传统文化，充分发挥优秀传统文化的时代意义与教育价值，重视地域文化的重要作用。

【要点解读】

每个民族都有自己的传统文化。中国传统文化是中华文明演化而汇集成的一种反映民族特质和风貌的民族文化，是民族历史上各种思想文化、观念形态的总体表征。中国传统文化是中华民族在历史发展进程中，世世代代所继承发展的、具有鲜明民族特色的、历史悠久、内涵博大精深、传统优良的文化；是中华文明的结晶。它既包括哲学、法律、宗教、艺术、伦理道德以及价值观念等具有意识形态性质的部分；又包括自然科学和技术、语言和符号、行为规范和风俗等非意识形态的部分；还包括中华民族改造的自然环境和创造出来的一切物品，如工具、器皿、服饰、建筑物、水坝、公园等。①中国传统文化是一个相对的概念，是对应于当代文化和外来文化而言，也就是通常所说的文化遗产。

---

① 中国传统文化：百度百科（http://baike.baidu.com/view/40254.htm？fv = aladdin）。

中国传统文化是在漫长的历史进程中形成的,是以封建社会文明为其背景,这使它既包含有许多优秀成分,也混杂着某些糟粕成分。其糟粕部分如官僚主义、等级观念、特权思想、家长制作风、迷信活动等。

中国优秀传统文化的核心是民族精神,主要表现为:一是天人和谐的探索精神,其核心就是强调人与自然的和谐统一。二是自强不息的奋斗精神。中国传统文化主张自强不息、刚健有为精神,既包含积极入世、主动进取的有为精神,也包含担当道义、不屈不挠的社会责任,还包含有正直独立人格和主动创造精神等。三是民为邦本的民本思想。中国传统文化注重人的价值,强调以民为本。四是止于至善的崇高追求。中国传统文化在个人理想追求上,主张"修齐治平"。五是以义为重的义利观,它要求人们获取物质利益,要在社会道义和规范的约束下有秩序地进行,在个人利益与集体利益、国家利益之间发生冲突的情况下,要以大局为重。这些优秀的传统文化塑造了中华民族醇厚中和、刚健有为的人文品格和道德风范,为中国人的文化性格和行为方式的形成奠定了深厚的历史基础,也是中华民族现代精神支柱的血脉。

祖国优秀的传统文化有助于拓展学生的文化视野,提高文化品位,积淀文化素养,健全人格;有助于培养民族精神;形成学生民族自信心、自豪感和强烈的社会责任感。

地域文化一般是指特定区域内,经过长期的传承、发展、积淀而形成并为人们所接受和认同的民俗、传统、习惯等文明表现。它是在一定的地域范围内与环境相融合而形成的,因此具有独特性。地域文化中的名胜古迹、遗址文物、名人贤士、民间艺术是弘扬和培育民族精神、进行爱国主义教育的重要载体。

【履职建议】

(1)校长要在不断学习中积累文化底蕴。

校长要有终身学习的愿望和能力,不断完善和更新知识结构、专业技能和思维方式。读书和全方位的学习,有助于校长们积淀深厚的文化底蕴,成为热爱祖国优秀传统文化,吸纳其他民族先进文化的表率。校长的学习一是向书本学习,广泛涉猎人文科学和自然科学方面的书籍;二是向同行学习,向古今中外优秀的校长学习;三是在办学实践中反思学习。

(2)校长要学会对传统文化进行选择。

一是校长要对传统文化有客观的态度，即：用辩证唯物主义的态度"古为今用、推陈出新"，"取其精华、去其糟粕"。二是提升对优秀传统文化的选择能力。第一，根据育人规律和学生年龄特点进行选择；第二，根据学校实际情况和育人目标进行选择；第三，在发展中进行优秀文化的选择。

(3)校长要在校园文化建设中营造浓厚传统文化氛围。

校长要根据校园文化的整体设计，在墙壁、走廊、教室、橱窗等地合理布置中华传统美德图画、古典诗词和名言警句。在学校的网站、网页、校刊等宣传优秀的传统文化，使学生在潜移默化中学习并喜爱优秀的传统文化。

(4)挖掘地域文化资源，传播优秀传统文化。

要充分利用地域文化资源，比如文物古迹、历史人物和典故、风土人情和习俗，进行整理和编辑，用符合儿童、青少年特点的方式将祖国优秀的传统文化呈现给学生们，使其受到熏陶。学校还可以以校本课程的方式传播优秀的传统文化。比如，北京国子监中学利用国子监街的地域优势进行"三礼"教育活动。

【示例分析】

案例 2-3：传承皮影艺术，促进学生健康成长①

近几年来，海淀区西苑小学以皮影艺术为载体，让学生感受传统文化的魅力，促进学生的健康成长。

李辉校长认为，学校不仅要承担起传承优秀传统文化的责任，还要发挥传统文化的育人功能，促进每一个学生的全面发展。皮影戏作为我国的传统戏剧，世界非物质文化遗产之一，需要后人的传承，同时它有很强的育人功能。

2009 年西苑小学开设了"皮影"特色校本课程。

学校以皮影制作和表演为两条主线，进行多学科联动。学校结合学生的学习能力和认知特点，分年级，设立不同难度的主题，小学毕业时，学生将了解皮影戏的历史和文化，初步掌握制作皮影的工序，并掌握各个工序中蕴

———————————

① 本案例由北京市海淀区西苑小学李辉校长提供。

含的科学原理，能够独立编写剧本和进行皮影表演。皮影校本课程采取了 DIY 教学方法，引导学生在"做"中"学"。

例如：五年级皮影课以《小马过河》课本剧为载体，通过改编课本剧，让学生了解皮影剧本的基本特点与编排形式；通过设计人物形象、制作道具、运用多媒体制作皮影背景等实践活动，使学生初步了解皮影戏整个的制作过程；在学习表演的过程中，通过光影实验，激发学生探究学习皮影戏中的光学原理。

在传承皮影艺术的过程中，这所学校与时俱进地对皮影艺术进行了完善与创新。其表现为：实现了表演道具创新、实现了表演内容的创新、实现了思维方式的转换。例如：传统的表演幕布制作工艺很烦琐，而且场景相对固定和单一，西苑小学的皮影老师运用现代信息技术对皮影表演进行了创新：在电脑中把皮影的背景做出来，通过幻灯片的方式投影在幕布上，这样学生就可以直接在幕布上进行表演了，场景可以随时更换。

皮影艺术校本课程的开设，为学生了解、学习祖国优秀传统文化提供机会，培养了学生热爱、传承和保护优秀文化传统的意识；激发了学生的学习兴趣和探索欲望，培养了学生的批判性思维能力、动手实践能力和创新能力；增强了学生的责任感和使命感，促进了学生健全人格的发展。

分析：

这是一个发挥祖国优秀传统文化育人功能的典型案例。究其原因有三：校长对传承和创新优秀的传统文化有强烈的责任感；对优秀传统文化育人价值的准确把握；学校找准了切入点，即以校本课程的形式，实现优秀传统文化的育人功能，达成对传统文化的传承和创新的目标。

二、专业知识与方法

14. 广泛涉猎自然科学与人文社会科学知识，具有良好的艺术修养和相应的艺术欣赏与表现的知识。

【要点解读】

在营造育人文化中，校长需要依靠自身渊博学识与人格魅力来教育人、影响人。

校长不断地拓宽知识面，广泛地接触和了解自然科学以及人文社会科学的相关知识，有利于学校形成一个更好的育人环境。掌握自然科学如数学、物理学、化学、生物学以及信息科学等，不仅使校长具备科学知识，更可以提升科学精神，对于提升校长的科学管理非常有帮助。掌握人文社会科学如哲学、政治学、社会学、历史学和美学等知识，不仅增长校长的人文知识，更重要的是丰富校长的人文情怀，有助于人文校园的营造。

校长具备良好的艺术修养和相应的艺术欣赏与表现常识，不仅有助于提升校长的审美情趣，增添人格魅力，而且对于营造优美校园有正确引导作用。

总体来说，宽阔的视野和丰富的学识绝不是先天的素养，是在物质层面的实践和文化层面的积累中逐步培养起来的。校长作为对学校发展至关重要的灵魂人物，拓宽自身知识面和提升艺术素养能够在学校管理、学校文化建设以及学生个体素质培养等各个层面的工作中产生积极的影响，从而促进学校更好的发展。

【履职建议】

(1)对现有知识进行梳理，不断学习，完善自身知识结构。

现阶段我国的基础教育学校的校长普遍具有专业学科背景，并且相当一部分校长的专业基础十分扎实。但是作为学校最高的领导者，校长不能仅满足于单项学科的知识储备，还应该有针对性地提升对自己来说较薄弱领域的知识、补充科学史和文化通史的相关知识。

鉴于校长日常工作十分繁忙，为了减少扩充知识时的迷茫感并且提升获取知识的有效性，我们建议在扩充知识面之前先对自身已有的知识进行梳理。梳理的内容既包括书本知识，也包括自己多年工作积累下来的实践经验，综合这两部分找出薄弱环节进行有针对性的知识提升。例如理科类专业出身的校长就应该多补充社科类知识，文学历史类专业出身的校长则应该注重提升自己的理性思维和逻辑分析能力。

在艺术修养的提高上可以以兴趣为导向着手进行。校长可以从自己最感兴趣的某一方面着手，如绘画、书法、摄影、音乐等。先了解基础性的艺术知识和理论，随着了解的不断加深自然会培养出自己独到的鉴赏能力。同时，因为校长角色的特殊性，还应当补充管理学和领导力方面的知识。

(2)建设学习型团队，开展组织性学习，促进知识交流与互动。

维果斯基将知识的习得定义为个体在社会环境中与周围人不断交往的过程中产生并且发展起来的能力，不是人自身固有的，并且受到文化和历史的限制。从以上观点我们可以看出，集体中的智慧与经验应当作为校长获取知识的一个重要的来源。校长作为学校的最高领导者在自身树立终身学习理念的同时，还应当促进学习型教师团队的建设和发展。通过组织性学习获得对自身及学校发展更为有用的实践知识。例如通过"教师读书日"来促进教师持续性学习习惯的养成；通过"教师社团"提高教师学习的自主性，促进知识的共享。

【示例分析】

案例 2-4：北京市十五中
——校长影响下的校园气质养成[1][2]

十五中是全北京有名的学校，它的出名不单因为其是北京市首批重点示范校的身份，更因为这所学校幽静雅致的文化氛围。

2008 年 9 月，北京市十五中博物馆正式揭牌成立，它可能是迄今为止唯一一所设在中学且级别最高的博物馆。首场展览的名称为《温情与敬意》，"请"到了齐白石、张大千、徐悲鸿、黄胄、丰子恺、傅抱石等约 20 位中国著名艺术大师的 40 余幅原作，大师的作品让学生们领略了中国传统书画艺术风采。而这个博物馆里的解说员角色都由学生扮演。从大师画作到精美古玉，邸亚臣校长以自身对艺术的热爱带动了学生们对于艺术的好奇和兴趣，用艺术珍品熏陶孩子的心灵品质。

午间音乐会是十五中另一个校园活动亮点，它为有音乐特长和喜欢音乐的学生搭建了一个展示和欣赏的平台。在这里，喜欢表现的人，喜欢音乐的人，不觉得音乐吵闹的人，对活动好奇的人都能找到各自的兴奋点。这样的

---

① 陈达：《北京 15 中校长邸亚臣：教育贵于薰习 风气赖于浸染》，新华教育，2011年 12 月 8 日。

② 邸亚臣：《沉淀诗意的记忆——浅议学校文化的持久力量》，高中课程网，2009 年5 月 8 日。

聚集带给学生们积极向上的心态和饱满的精神状态。

除此之外，邰亚臣还组织诗歌节，希望学生在人生中最黄金的中学时代不只是忙于应试，还能体味到学校生活的浪漫；设立学生西餐厅，从用餐环境到食物种类，他用高雅氛围导引学生养成优雅的气质；他还坚持办学生讲坛，让学生直接接触学术。邰亚臣校长还将优秀的学生作品用于楼道装饰，美化校园的同时提升了学生们的自信心。

邰亚臣校长对艺术的执着追求，带动了校园内学生和教师们整体艺术素养的提高，推动着学校人文环境的不断完善。十五中师生们珍贵的情感渗透在校园建设中的一点一滴，这些共同创造的文化带来的温暖力量激励着他们勇往直前。

分析：

在邰亚臣校长营造的育人化境中，学生们不仅能够近距离接触艺术大师佳作，还能通过音乐、诗歌以及学生讲坛等不同形式丰富学生生活，提升自身气质和修养。学生在人文校园环境中获得的收获与他们从速成培训班那里获得的成绩相比，可能没有那么显著、耀眼；但是这种氛围的潜移默化的影响对学生良好人格的养成，起到的作用是至关重要的。

邰亚臣校长以自身丰厚的学识和对艺术独到的鉴赏力推动了十五中人文校园建设的丰富和完善。

但是校长还应该意识到自身视野的局限性，只有不断扩充知识储备和提升艺术修养才能更好地为学生创造出良好的学习、生活环境。同时要善于广泛征询他人意见以避免个人局限。

15. 了解校园文化建设的基本理论，掌握促进优秀文化融入学校教育的方法和途径。

【要点解读】

校园文化是学校文化的重要组成部分，是学校精神文化的物化形态。同样具有环境育人功能。它侧重表现在学校文化中那些看得见摸得着或是直观感受得到的物化方面。如学校的校徽、颜色、建筑物、绿化、主题音乐、办公系统等所体现出来的育人功能。从学校文化构成的层次维度来看，它基本指向是学校文化中的物质文化层面,称为学校的物质文化。从学校工作领域理解文化的结构,它可以称为学校的环境文化或者景观文化。

人们对校园文化一词的理解经历了不断深化和拓展的过程。起初,校园文化概念反映的主要是学校正规教育之外的课外活动,譬如,学校开展的各种艺术教育和学生中的各种社团活动等,而且笼统地将校园文化概括为校园的物质文化和精神文化的总和。随着人们对校园文化研究的深入和内涵的扩大,学者们基本倾向于用"学校文化"替代"校园文化"。校园文化也有了基本的特质含义。

关于校园文化建设问题,2006年3月,在教育部《关于大力加强中小学校园文化建设的通知》中规定了四项内容。一是全面开展校风、教风和学风建设。二是组织开展形式多样的校园文化活动。要精心设计和组织开展内容丰富、形式多样、吸引力强、调动学生主动参与的校园文化活动。三是重视校园绿化、美化和人文环境建设。要把校园建成育人的特殊场所,充分利用校园的每一个角落,营造德育的良好环境和氛围,使校园内的一草一木、一砖一石都体现教育的引导和熏陶。四是组织开展好"中小学弘扬和培育民族精神月"活动,并把"中小学弘扬和培育民族精神月"作为校园文化建设的重要组成部分。

2012年5月北京市教育委员会、北京市财政局印发了《校园文化建设项目管理暂行办法》。总则的第四条规定:校园文化建设项目包括学生活动场所、博物馆、校史馆、陈列室、广播站、电视台、橱窗、宣传品、教育景观、升旗区等教育基本环境的建设和营造,以及校训、校歌、校徽等的创作或制作等。

世界各个民族在文明演进的千百年历史中,积累了丰富的、有利于人类社会进步的优秀文化,除了各个民族的民族精神这个核心内容之外,还包括文学、建筑学、医学、绘画、制造等形式。

【履职建议】

校园文化以其潜移默化形式,影响着生活于其中的一代又一代人,具有很强的育人功能。因此,校园文化建设是中小学校长的重要职责之一。

(1)校长要科学地认识校园文化建设意义和价值。

校园文化建设是贯彻党的教育方针,全面推进素质教育的需要;是以社会主义核心价值观为导向，以先进文化的引领和熏陶，促进学生全面发展和健康成长的需要；校园文化建设是学校育人活动的重要组成部分，是校长教育追求、办学理念实现的重要平台。总而言之，校园文化建设是为了实现学校育人目标。

（2）校长要遵循校园文化建设的原则。

一是目标明确的原则：即在国家教育方针、教育目的指导下，学校要根据自身的特点确立育人目标。环境的绿化、色彩的选择、墙壁的布置、物品的摆放、教室、办公室的装饰要围绕育人目标进行。

二是整体设计的原则：校园文化建设是一个系统工程，需要校长在进行校园文化建设进行系统思考、整体规划。这个原则要求校园文化建设要与学校的精神文化、制度文化、行为文化建设一致；校园文化建设要外显部分与内涵部分一致；校园文化建设要突出学校核心价值、办学理念、育人目标主线，避免条块分割。

三是主体性原则：学生和教师是学校的主人。校长在进行校园文化建设中，既要发挥他们的主人翁精神，又要使校园文化为他们服务。因此，校长要根据学生的年龄特征设计学校建筑、美化环境等；校园文化建设要遵循互动性原则，让学生参与其中，并使校园文化成为隐性课程影响学生。例如，北京二中学生博物馆。

（3）校长要有把优秀文化融入学校教育的方法。

一是通过校园文化建设把古今中外优秀的文化融入学校，形成育人的氛围；二是在校本课程开发与实施中引入人类优秀的文化；三是开展各个活动传播人类的优秀文化，比如开展读书活动、优秀文化知识竞赛活动等。

通过加强档案馆（室）、校史馆、学校网站建设、校庆纪念日活动组织，让学生认同学校精神。

【示例分析】

案例 2-5：重庆南开中学的校园文化①

在重庆南开中学，端庄的"范孙楼"、静穆的"芝琴馆"、雍容的"午晴堂"、

---

① 本案例改编自项红专：《名校文化建设启示录》，载《中国教育学刊》，2009 年第 5 期。

优雅的"忠恕图书馆"、广阔的体育场、美丽的"莫愁湖"、院士壁、学校雕塑等深深地印在学生的脑海里。在这里，春天群花盛放，夏天佳木葱郁，秋天风霜高洁，冬天梅林独俏，它们使学生铭记在心。在重庆南开中学，隔着大操场就可以看到对面用兰草种的校训"允公允能、日新月异"八个大字，从左到右排列了约100米，每天给学生深刻的印象。在学校教学楼入口竖立大的穿衣镜，横额镌有"容止格言"几个大字，两边书写："面必净，发必理，衣必整，纽必结；头容正，肩容平，胸容宽，背容直；气象：勿傲，勿暴，勿怠；颜色：宜和，宜静，宜庄。"它对学生的仪态形象、气质风度均提出了具体要求。

分析：

重庆南开中学的校园文化处处彰显育人的功能。美丽的自然景观、浓郁的人文环境和厚重的历史底蕴，让学生随时随地感受到文化的存在，耳濡目染、不知不觉中继承学校精神，接受学校文化的熏陶。名言警句确实起到无声胜有声的教育作用。南开中学校园文化建设始终以"允公允能、日新月异"为主线，把菁菁校园的各个部分联系起来，成为一个育人的整体氛围。这充分体现了学校领导集体系统思考、整体规划之功。学校校园环境大气、整洁、美观、有序、别致，置身其中，于无声处陶冶性情，端正行为。

16. 掌握不同年龄阶段学生思想品德形成和健康心理发展的特点与规律，了解学生思想与品行养成过程及其教育方法。

【要点解读】

掌握不同年龄阶段学生思想品德形成和健康心理发展的特点与规律，了解学生思想与品行养成过程就是要求校长把握学生品格和心理发展的年龄特征，熟悉不同年龄阶段品德发展的需求，掌握学生品德形成发展过程的规律性及其教育方法。据不同教育阶段学生身心特点、思想实际和理解接受能力，准确规范德育目标和内容，科学设置德育课程，积极开展德育活动，努力拓展德育途径，有针对性地进行教育和引导，使学校德育更具科学性，更好地促进青少年学生全面健康成长。

德育过程，也称思想品德的教育过程，是教育者根据一定的社会要求和受教育者思想品德形成的规律，对受教育者有目的地施加教育影响，并通过受教育者的积极作用养成教育者所期望的思想品德的过程。德育过程是学生道德认知、道德情感、道德意志、道德行为诸因素统一发展的过程；是外在价值引领与个体品格和心理自主建构的有机统一；是以思品课、心理课以及学校德育和心理活动为载体的显性教育与学科课程中的品格教育、心理教育、师生交往中的品格教育，以及班级文化、校园环境隐含的隐性教育共同作用的结果。学生品德和心理发展是一个彰显学生主体性的过程；是一个基于情感教育前提的生活化过程，学校德育和心理教育必须尊重学生的兴趣和自主选择，彰显学生的主体性，彻底摈弃教育中的强制和灌输。

德育方法是教师与学生在德育过程中为达成德育目标而展开的有秩序和相互联系的活动方式和手段的有机整合。它受德育内容、任务所制约，是以德育规律、德育原则为依据的。学校的德育方法包括说服教育法、榜样示范法、情感陶冶法、自我教育法、实践锻炼法、品德评价法。掌握学校德育规律，创新德育方法是提高德育实效性的关键，掌握不同年龄阶段学生思想品德形成和健康心理发展的特点与规律，了解学生思想与品行养成过程是确保学校德育实践科学性和实效性的重要的逻辑前提。

校长不仅自身要做德育相关理论的研究，了解学生品格、心理发展的规律，在办学理念和培养目标的制定方面凸显"立德树人、德育为先"的教育理念，还要善于打造教师德育专业发展的平台，通过有效的德育校本研修，帮助教师掌握科学的德育理念，不断创新德育的策略和方法。

【履职建议】

校长在掌握不同年龄阶段学生思想品德形成和健康心理发展的特点与规律、了解学生思想与品行养成过程及其教育方法的实践中具有双重的身份和职责；一方面，校长本人要学习相关理论，研究德育和心理规律，做自主发展者；另一方面，校长更应该搭建教师德育专业共享的平台，优化德育校本培训的模式，做教师德育专业素养提升的助者。

（1）校长要加强相关德育和心理理论的学习，不断提升德育理念。

这种学习能够确保校长在办学理念和培养目标制定的科学性和育人为本的方向性。

(2)学校要构建基于学生年龄特征的德育课程体系。

学校要依据学生不同阶段品德、心理发展的需求科学设计课程内容,组织学生喜欢的德育活动,不断创新德育方法和策略。

(3)校长要做教师德育专业化的推动者,营造德育教师专业共享的氛围。

学校要全面提升教师的德育课程和活动的设计实施能力。鼓励教师在德育教育教学中进行个性化、创造性的创新探索。

(4)学校要不断创新德育校本培训的模式,培养教师独立开展德育教育、教学研究的能力。

学校宜采取整合策略把德育校本培训与年级组的教研活动以及学科组的教研活动进行有机的整合。

【示例分析】

案例 2-6:《第 56 号教室的奇迹》基于品德心理发展阶段的德育课程体系

雷夫·艾斯奎斯是当下美国最具影响力的一线教师之一,他在同一间教室,年复一年地教同一个年龄段的学生长达 20 多年。他的著作《第 56 号教室的奇迹》成为美国最热门的教育畅销书之一。第 56 号教室的孩子大多贫困,来自移民家庭,英语也不是他们的母语,这些似乎注定平凡的学生却在一个充满爱心与智慧的老师的培养下,全国测试成绩高居全美 TOP5%,他们长大后纷纷就读于哈佛、斯坦福等顶尖大学并取得不凡成就。雷夫的教育秘诀就是依据科尔伯格关于学生品格发展的阶段来规划德育的目标体系,设计德育的课程和内容。教给学生一生受用的技巧,以及人格、信念的培养。

分析:

科尔伯格把儿童的道德发展分为前习俗水平、习俗水平和后习俗水平,并对三种水平进行了六个阶段的划分:服从与惩罚定向;天真的利己主义;好孩子的道德定向;维护权威和秩序的道德观;履行准则与守法的道德;个人良心式原则的道德观。[①]雷夫依据道德发展六阶段理论设计学校品格教育的目标、构建学校德育课程体系。这六个对应的从低到高品格教育阶段是:第一阶段——我不想惹麻烦;第二阶段——我想要奖赏;第三阶段——我想

---

① R. Hersh, D. Paolitto and J. Reimer, *Promoting Moral Growth:From Piaget to Kohlberg*, New York:Longman Inc., 1979:54~55.

取悦某人；第四阶段——我要遵守规则；第五阶段——我能体贴别人；第六阶段——我有自己的行为准则并奉行不悖。他所提倡的"有自己的行为准则并奉行不悖"甚至与儒家思想所提倡的"慎独"不谋而合。在这种科学的计划和有效引导下，学生们的品行发生了令人惊异的变化，个个谦逊有礼、诚实善良，收获了受用一生的财富——高尚的人格和坚韧的信念，长大后他们纷纷顺利进入哈佛、普林斯顿、斯坦福等美国名校就读，一时间成为美国教育界的佳话。雷夫的教育成就得益于科学德育理念的指导，从一个侧面也证明了教师掌握学生品格和心理发展规律的实践价值。

三、专业能力与行为

17. 绿化、美化校园环境，精心营造人文氛围，建设优良的校风、教风、学风，设计体现学校特点和教育理念的校训、校歌、校徽、校标。

【要点解读】

此要点包括三组关键词，它们分别是绿化美化与人文氛围，校风、教风、学风，校训、校歌、校徽、校标，这些内容是学校文化建设的重要内容。

绿化美化与人文氛围属于物质文化范畴。绿化美化使得校园环境清新、优雅、怡情，人文氛围使得校园环境有历史感、厚重感、文化感。绿化、美化校园环境，精心营造人文氛围，这是陶冶师生情操、净化师生心灵、实现环境育人功能的重要举措。

校风、教风、学风属于精神文化范畴。校风是一所学校的整体风气和氛围，表现为学校的气质、性格和特色；教风是一所学校教师的教学风气和氛围，表现为教师的治学精神、治学态度、治学方法；学风是一所学校学生的学习风气和氛围，表现为学生的学习精神、学习态度、学习方法等。学风是学校文化的核心与灵魂；教风是学风的基础与前提；校风是教风、学风的综合反映。

校训、校歌、校徽、校标是学校文化的符号系统，校训、校歌是精神文化的一种符号化表达，校徽、校标则是精神文化的符号化和物质化表达。校训是广大师生共同遵守的基本行为准则与道德规范，校歌是学校根据自身的学校精神选择或作词作曲的代表该校的歌曲，校徽印有学校名称并代表学校象征和标志的学校徽章，校标是校园楼宇、道路、区域、景观、警示等校园标志的简称。校训、校歌、校徽、校标既是学校办学理念、治校精神的反映，也是学校文化建设的重要内容。

【履职建议】

文化管理是中小学校长进行学校管理的最高境界，进行学校文化建设是中小学校长的重要基本功之一。校长应该能够科学规划学校文化、提炼学校文化精神、设计学校文化标识。

(1)科学规划校园文化。

带领学校管理团队，借助园林设计专家，根据地域文化、学校历史、办学思想，广泛征求多方建议，科学规划校园文化。

(2)提炼学校精神文化。

学习校园文化建设理论，采取从上到下和从下到上的研讨过程，通过办学经验归纳升华或者教育理论演绎变化，提炼学校精神文化。

(3)设计学校文化标识。

动员广大校友、教师、学生、家长力量，吸收社会文化设计公司参与，科学设计创作校训、校歌、校徽、校标等学校文化标识系统。

【示例分析】

案例 2-7：明德至翠　笃行于微①
——北京翠微小学校训、校徽及内容阐释

北京翠微小学的校训是"明德至翠，笃行于微"②。具体阐释如下。

"明德至翠"："明德"语出《大学》"大学之道，在明明德，在亲民，在止于至善。"大意是说，大学的宗旨在于弘扬光明正大的品德，在于使人弃旧图新，在于使人达到最完善的境界。"翠"主要有两个含义：一是希望的绿色；二是珍贵的翡翠。翡翠乃玉之精品，于是我们赋予"翠"的含义就是"纯净的心灵、

————————————

① 高益民：《学校文化凝练》，北京：教育科学出版社 2013 年版，第 107~112 页。

② 北京翠微小学网页(http://www.cwxx.cn/)。

高尚的德行"。"至翠"代表至真、至善、至美的道德和理想境界。

"明德至翠"就是要不断加强道德修养，努力进行人格提升，使之达到完美的境界。对学生来说，就是要追求真知，富有旺盛的求知欲，就是要富有敢于实践、勇于探索的科学精神；就是要富有理想，放眼长远，在未来能创造独特价值，服务文明社会。对教育者而言，就是要心怀"爱与责任"，以"爱"为教育的灵魂，以"责任"为教育的原则，真诚地爱学生，智慧地爱学生，追求专业化发展，高效履行职责，恪尽职守，践行高尚的教育德行。师生共同努力实现教育的均衡、适度、可持续，贯彻绿色教育精神。

"笃行于微"："笃行"源自《中庸》"博学之，审问之，慎思之，明辨之，笃行之"以及"学以致用""积少成多"和"防微杜渐"的中国哲学思想，反映了注重实践和体验，倡导创新的精神。

"笃行于微"就是关注基础和细节，践行所学，勇于实践和探究，注重体验，勤于动手，长于创造，"知行合一"。对学生而言，"笃行于微"，就是切实履行，专心实行，力行其事；对教育者而言，"笃行于微"就是要从细微处入手，从习惯入手，从基础抓起，导之以行。

北京翠微小学的校徽为翡翠色圆形玉牌，如图2-2所示。

图 2-2：北京翠微小学校徽

"翠微"之"翠"有翡翠、美玉之意；校训"明德至翠"也表达和阐发了"美玉"的文化内涵。鉴于"美玉"之特质与学校理念和形象的统一性，校徽设计也以"美玉"之内涵为核心展开，取"翠微"之意，以美玉代表至真、至善、至美的道德和理想境界。

整体构图选用传统圆形造型，由两个同心圆构成的圆面。外环上方中文"北京翠微小学"为我国著名书法家启功先生亲笔题写，下方为学校英文校名，下方英文中间为建校时间 1956 年；内圆左至右两行文字为学校校训"明德至翠"与"笃行于微"两个词组。

分析：

校训、校徽是非常重要的校园文化符号系统。校训是最精彩、最富有个性、传播效率最高的核心价值观的表达，校徽则是学校精神的视觉化表达和艺术化表达。

"明德至翠，笃行于微"是翠微小学非常个性化、特色化的校训表达，巧妙地把明德笃行的育人目标、翡翠美玉的形象比喻与翠微小学的学校名称有机结合起来，使得学校的核心价值观利于记忆、利于解读、利于传播、利于践行。

翡翠色圆形玉牌校徽更是把翡翠颜色、翡翠质地、翡翠品质与学校精神、校训内涵、学校名称、建校时间以及中国书法艺术巧妙结合，实现了从理念内涵到外在形象的有机统一。

校训和校徽的解读更是直观形象、内涵丰富、寓意深刻、内容科学。对明德、笃行源自《大学》《中庸》的古典文化出处解读和符合学校育人本质的实践解读使得校训内容可信、可行，校徽解读中以美玉代表至真、至善、至美的道德和理想境界体现了教育对真、善、美的价值追求。

任何文化理念的确立都不是科学技术的创造发明，而是历史土壤中悄然冒出的新时代萌芽。它需要梳理历史，继承传统，精确提炼；它需要面向未来、促进发展、富有创新；它需要全体教职员工的积极参与，献计献策，真心认同。翠微小学的校训和校徽产生过程经历了全校干部、教师、家长、学生自下而上和自上而下的多次征集、讨论过程，凝结了校长、教师、家长和专家多方的教育智慧。最后，一位学生家长凝练的校训和范宏伟老师的校徽设计被最终采纳，这本身就体现了校园文化建设的科学过程。

18. 精心设计和组织艺术节、科技节等校园文化活动，充分利用好重大节庆日、传统节日等有特殊意义的日子以及学校组织特有的仪式，开展主题教育活动。

【要点解读】

此要点的内容包括校园文化活动、重大节庆日、传统节日等几个关键词，了解这几个关键词的主要内容和价值对于学校很好地开展学生主题教育活动有非常重要的现实意义。

校园文化活动是学校德育、智育、体育、美育等课堂教学活动的延伸与补充，丰富多彩的校园文化活动不仅可以使校园充满活力和青春气息，而且有利于促进学生兴趣和特长发展，甚至影响学生一生的职业追求。为了强化校园文化活动，很多学校在平时开展常态校园文化活动的基础上，集中一周时间或更长一些的时间开展校园文化节日活动，这是升华校园文化活动的品质和形成良好的活动氛围的很好做法，常见的校园文化活动节日有科技节、体育节、艺术节、读书节、社团节、合唱节、戏剧节等。

重大节庆日是根据重要的历史事件和国家行政管理需要设定的节日，主要包括新年、植树节、国际劳动妇女节、国际劳动节、五四青年节、国际儿童节、中国人民解放军建军节、教师节、国庆节等。

传统节日是中华民族历史文化发展过程中长期积淀形成的纪念性节日，主要包括春节、元宵节、清明节、端午节、七夕节、中秋节、重阳节等，这些节日大多和天文、历法、数学，以及后来划分出的节气有关，还包含着很多历史故事和风俗习惯，承载着丰富的历史文化内涵，是中小学校非常重要的教育资源。为弘扬中华民族文化，春节、清明、端午、中秋已经纳入国家法定节假日之中。

仪式是将一系列具有象征意义的行为集中起来的安排或程序，是对具有传统象征意义的活动的礼仪、形式的总称。典礼则是比较隆重的组织仪式。与一般的活动相比，校园仪式典礼比较严密、规范、正式、隆重，具有庄严感、神圣感、情境感，容易给学生留下比较深刻的记忆和震撼。常见的校园仪式典礼有升旗仪式、入队仪式、入团仪式、入党仪式、队会仪式、十四岁生日仪式、十八岁成人仪式、开学典礼、毕业典礼等，一些临时性的重大活动，也可以组织启动仪式，以利于活动的持续有效开展。

【履职建议】

重大节庆日、传统节日是学校重要的教育时机和教育资源，校园文化活动是学校实现德、智、体、美等教育功能的重要载体和实现方式，校园仪式典礼是学校有效开展主题教育活动的很好的活动形式。这么多的节庆日、活动、仪式容易让校园混乱，打破学校的教育规律，校长应该学会统筹设计、科学组织、有效实施。

(1)统筹规划学校文化活动。

对校园文化活动进行统筹规划。校园文化活动是学生喜欢的、适合学生成长的科技、体育、艺术活动，应尽可能多地开展，但是，应该在时间、空间、学段、年级、班级之间进行统筹规划。

(2)科学设计重大节庆活动。

对重大节庆日进行科学设计。除了植树节、儿童节、教师节之外，重大节庆日活动多数是政治性活动、社会性活动，与学生的生活有一定的时空距离，学校要进行科学设计，不要变成一种简单空洞的政治说教。

(3)挖掘传统节日的文化内涵。

我国的传统节日比较多，而且有很悠久的历史和深刻的内涵，可以分年级对不同的传统节日进行研究性学习活动，在一个学段内完成所有传统节日的学习教育活动，克服学生对传统节日进行以吃为核心的肤浅理解。对母亲节、父亲节、感恩节、愚人节、圣诞节等外来节日进行科学利用、引导和融合也是学校教育的一个时代课题。

(4)对重要的仪式进行细节管理。

仪式的突出特点是情境性、规范性、正式性、教育性，要设计好每一次仪式典礼活动，确保活动的质量和效果，否则可能会适得其反。升旗仪式是最常态的仪式教育，学生容易感到疲倦，要注意内容的创新和意义的升华。

【示例分析】

案例 2-8：别样的升旗仪式①

8 月 30 日，星期一，开学第一天。我们改革了多年依旧的升旗仪式，举行了别样的升旗仪式。在校园上空，我们升起了三面旗帜：鲜艳的五星红旗、洁白的宣城十二中校旗、本周值周班级"品质八班"的班旗。在我们的仪式里，有着庄严的队伍，有着表彰的程序，还有鲜花和芳香相伴……

同学们渐渐离开升旗广场，我仰望着飘扬在校园上空的三面旗帜，我在

---

① 杨和平：《别样的升旗仪式及其实效性思考》，载《中国德育》，2011 年第 2 期。

猜想一个问题：此时，八班同学的心情如何？是豪迈？那是一定的。我们只要想想，全校 60 个班级，他们有幸成为新学期第一个值周的班级，有幸让自己的班旗升起在校园的上空，有幸让自己的班级风采展示在全校师生的面前，全班同学有幸作为国旗护卫队走在广场的中央……他们一定会想：作为品质八班的一员，真自豪！是激动？我们没有否认的理由。

一群十几岁的孩子，当他们看着"品质八班"的旗帜受到全校师生的瞩目，当他们看到自己班级的光荣事迹为全校所知晓，当他们体会着被尊重的荣耀，当他们想着值周责任的时候……他们的心情，一定会满怀着激动！是梦想激荡的澎湃？我们有坚信的理由。那四星班级的荣耀，不是梦想的根系吗？那写在展板上的辉煌，不是梦想的沃土吗？那飘扬在校园上空的红艳，不是梦想的火焰吗……

分析：

仪式的突出特点是情境性、规范性、正式性、教育性，仪式具有超越常规活动的教育功能。升旗仪式是学校常态化的教育活动，由于每周组织一次，容易使学生产生仪式倦怠。安徽省宣城市第十二中学别样的升旗仪式贴近了学校的实际、班级的实际、学生的实际，融入了学校的内涵、班级的内涵、学生的内涵，实现了升旗仪式形式和内容上的创新，促进了学生和班级的主体参与意识，有效提高了仪式教育的实效性。

19. 建设绿色健康的校园信息网络，向师生推荐优秀的精神文化作品和先进模范人物，努力防范不良的流行文化、网络文化和学校周边环境对学生的负面影响。

【要点解读】

学校不是一个孤岛，学校教育是学校、家庭、社会的有机统一。学校文化也不是一个封闭的独立文化，而是一个开放的文化系统，不断受到流行文化、网络文化和校园周边环境的影响。扩大优秀校园文化资源，吸收网络文化、流行文化中的积极因素，防范不良的网络文化、流行文化和学校周边环境对学生的负面影响，建设绿色健康的校园信息网络，这是学校文化建设非常重要的组成部分。

随着信息化和网络化时代的到来，学校文化也发生着重大的变化，网络文化正在成为改变学校文化的重要力量，并逐步成为学校文化的重要组成部分。网络文化与特定的学校文化比较，具有开放性、平等性、虚拟性、多元化等突出特点。从网络的作用来看，网络是把"双刃剑"，对学生的影响也具有两面性，学校教育的责任就在于引导网络的积极功能，减轻网络的消极影响。

流行文化是借助网络、电视、电影、广播、动漫、小说、音乐等大众传媒广泛传播的，以大众为对象、被大众所推崇的一种文化现象。流行文化的主要功能是娱乐功能，也正是其娱乐和减压功能，流行文化特别受到中小学生的追捧。和网络文化一样，流行文化对中小学生也有其积极和消极两个方面的作用：积极作用是可以丰富学生业余生活、缓解学习压力、促进身份认同；消极作用是影响学业发展和正确价值观形成，甚至可以引发严重的心理问题和青少年犯罪。学校应该对流行文化进行适度把握和积极引导。

网吧、游戏厅、歌厅、商贩、酒吧、发廊、休闲交通、治安等校园周边环境对学生的成长有负面影响。学校对中小学生进行积极引导的同时，还要与当地公安部门、工商部门、交通部门等沟通配合，努力营造良好的校园周边环境，有效处理各种涉及学生的各种不良事件。

【履职建议】

(1)加强校园主流文化建设。

面对网络文化、流行文化和校园周边环境的负面影响，学校最主要的策略还是加强校园主流文化建设，向师生推荐优秀的精神文化作品和先进模范人物，弘扬积极主流价值观，引导青少年正确的价值取向，提高青少年辨别是非的能力和水平。

(2)控制网络文明和校园周边环境。

营造积极的舆论氛围，建立必要的网络文化建设公约，对严重违反有关制度并在校园内产生不良影响的同学进行适当的制度约束和批评教育，对校园周边环境进行设备监控、人员控制等也是必要的。

(3)了解和体验网络文化最新发展。

校长应该熟悉网络文化、流行文化，了解学生的网络习惯、主要行为和内容，亲身感受和体验网络文化和流行文化，甚至可以通过网络、微信、QQ、论坛等和学生交流互动。

【示例分析】

案例 2-9：北京市第三十五中学学生网络文明公约①

以利用网络学习为荣，以查看不良信息为耻；

以真诚友好交流为荣，以侮辱欺诈谩骂为耻；

以加强自爱自护为荣，以约见陌生网友为耻；

以益于身心健康为荣，以沉迷虚幻时空为耻；

以树立良好榜样为荣，以背弃行为准则为耻；

以维护网络文明为荣，以违反网络公约为耻。

分析：

《北京市第三十五中学学生网络文明公约》是北京市第三十五中学学生自管会借鉴《全国青少年网络文明公约》，组织全体学生经历了自下而上和自上而下的多次讨论后形成的。《北京市第三十五中学网络文明公约》是学校制度文化的重要组成部分，是学生进行自我管理、自我教育的有效载体，是引导、约束和管理学生文明上网的有效手段。

20. 凝聚学校文化建设力量，发挥教师、学生及社团的主体作用，为共青团、少先队、学生社团、班集体活动开展提供必要条件，保证活动时间。

【要点解读】

学校文化建设是个系统工程，它不仅是物质文化、制度文化、精神文化等静态文化的建设过程，更是班级建设活动、学生社团活动等动态文化的建设过程。凝聚学校文化建设力量是学校文化建设的战略定位，发挥教师、学生及社团的主体作用是学校文化建设的有效策略，共青团、少先队、学生社团、班集体活动是学校文化建设的重要途径，为各种团队活动提供经费、时间、场地、政策等应该成为学校文化建设的制度性保障。

---

① 本案例由北京市第三十五中学提供。

共青团和少先队组织具有鲜明的政治性。学生团、队活动是学校文化建设的重要力量，学校和党组织一定要为各种团队活动提供经费、时间、场地、政策支持和保障，不能因为学业压力而挤占学生团队活动的时间和空间。

学生社团是指具有某些共同兴趣、爱好的学生，在学校的引导下而组成的一种群众性组织，是校园文化活动的重要组成部分，是学生兴趣发展的良好平台。中小学校应该结合学生年龄特点、学校课程建设规划、学生活动设计安排，支持和发展学生的社团活动。

班级是学校的基本组织单位，是学生学习、生活的主要场所。开展班集体活动、加强班集体建设的过程实际上就是班级文化建设的过程。班级文化是一种微观组织文化，是学校文化的亚文化，也是学校文化的重要组成部分；班级文化建设过程与学校文化的建设过程有非常相似之处，可以借鉴学校文化建设的思路进行，还能够丰富和发展学校文化的内涵。

【履职建议】

(1)重视共青团和少先队建设。

共青团和少先队组织是中小学的政治性先进组织，校长应该给予共青团和少先队组织人员配备、场地经费、时间保证、舆论支持，这不仅是党对学校教育的政治要求，也是学生社会化发展的个人需要。

(2)积极开展学生社团活动。

大力开展中小学生社团活动是新课程改革之后中小学校园文化活动发展的一种新趋势，是大学学生社团活动的一种前移，深受广大中小学生的欢迎，有条件的学校应该给予重视和支持，学生社团活动课程化、制度化、学分制是推动学生社团发展的有效策略。

(3)大力加强班级文化建设。

班级文化建设是校园文化建设的最基础性工作，也是学校文化最重要的组成部分，更是高层次、高品位、高效率班集体建设的抓手，校长应该给予高度重视。对班级文化建设的专业化学习和理解是校长专业化发展的最重要的基本功，也是校长专业化发展的重点和难点所在，建议校长阅读一些这方面的专著和论文。

【示例分析】

案例 2-10：北京十一学校学生社团简介①

根据《十一学校学分管理办法》，学生在校期间必须参加社团活动。主持一个社团，一学年2学分；参加一个社团，一学年1学分。要求每学期参加社团活动不少于10个小时，活动满10个小时计0.5学分。三年2学分。

目前，我校每学期注册学生社团百余个，分为竞技体育类、文化艺术类、趣味学科类、科技创新类、思想政治类、社会公益类、绿色环保类、电子新闻类及其他归属类学生社团，各大类学生社团活动蓬勃生动，各有特色，相互辉映。学生社团工作是校社团联合会根据《十一学校学生社团章程》统一协调管理下开展。每个学生社团的成立都必须得到社团联合会的批准，在社团联合会注册，其活动、组织章程、规章制度、民主换届等都要得到社团联合会的审核批准，接受社团联合会的监督。不注册的社团为非法学生社团，社团联合会将予以取缔。社团联合会对社团的活动、日常事务、换届民主程序及学期巡礼等实施评比，激励表彰精品、优秀社团，全面推进学生社团事业的发展。

同时，学校重视品牌社团的建设，社团不仅有固定的会员、自己特色的品牌活动，更重要的是具有旺盛的生命力，具有可持续的传承能力，并形成具有自己社团特色的成果。

如HCC社团，所创网站曾获团中央嘉奖；学生电视台，自1996年成立至今，从未间断过学生节目的制作，是学生获取校内外新闻的主要途径；青年志愿者协会，曾多次获得区级志愿服务先进集体称号和海淀区志愿服务集体标兵称号；海洋星空基金会，国内首个由中学生发起的关注自闭症儿童的公益社团；学生自主经营、自负盈亏的十一广告公司、复印社、松林书屋等社团，让学生在真实的实践中培育智商、情商和财商；电影社团每周放映四部电影供师生选择，让同学们向往的"读名著、听名曲、赏名画、看名片"的幸福校园生活在十一学校变成现实，在趣味中品味经典、拥抱高雅，提升人文素养，等等。

---

① 本案例来自北京十一学校网页（http://www.bjshiyi.org.cn/ArticleShow2.aspx? id=3368）。

分析：

北京十一学校是一所非常有特色的学校，其突出特点是学生是学校真正的主人，一切为了学生的发展服务，充分满足学生个性发展的需要。学生社团是北京十一学校办学的突出亮点之一，深受学生的喜欢和支持。

十一学校学生社团是学生在校必须参加的活动，实行规范化的学分制管理，这是一种很好的对全体学生参与社团进行管理的制度。它既能满足学生个性化的自主选择，又能保障每一个学生都能参加一定时间的社团活动。

十一学校学生社团实行注册制管理，这是一种很好的社团管理制度。它既能保证社团建设的自由、自主发展，又能实现对学生社团的有效监督和管理。

十一学校重视品牌社团的建设，这是一种很好的社团发展制度，有利于巩固优秀社团的发展成果，实现优秀社团的传承发展。

自主化、个性化、规范化、品牌化是十一学校社团建设和发展的突出特点。

第三章　领导课程教学[①]

课程改革对校长领导课程与教学的职责要求越来越高，为此，校长要不断提升课程与教学领导力。要尊重教育教学规律，尊重教师智慧，通过有效教研，推进教学改革，减负提效，全面提高教育教学质量；要掌握课程编制、开发、实施与评价的相关理论与政策要求，有效统筹三级课程整合。

一、专业理解与认识

21. 坚持面向全体学生，因材施教，全面提高教育教学质量。

【要点解读】

"面向全体学生"是由义务教育的义务性、免费性、强制性等性质决定的，适龄儿童都应该接受九年义务教育，无论学生来自什么样的家庭背景，城市或农村、富有或贫困、健康或残障、本地或外来，都应该得到校长和教师一视同仁、不分等级的公平对待。但是，学生群体又具有极强的个体差异性，优势智能、学习风格、认知类型、人格特点等方面存在很大不同。因此，要求校长领导本校教师在课堂教学中既能做到面向全体学生，消除对学生因学习能力、家庭背景而造成的区别对待；又能兼顾学生的多方面差异，做到因

---

① 本章由王淑娟撰写第 21、22、23 条目，杨志成撰写第 24、25 条目，王晓玲撰写第 26 条目，王志明撰写第 27、28 条目，何育萍撰写第 29、30 条目。

材施教,最终使得全校各个学科教学质量都有所提升。

【履职建议】

(1)树立全纳教育的观念,尊重个性和差异,追求"教育公平"。

全纳教育的目的是为了消除由于种族、社会阶层、民族、宗教、性别以及能力差别而带来的各种歧视与偏见。学校不能拒绝残障、智障学生入学,应该坚持让这些特殊需求学生进入普通班"随班就读";重点关注那些可能被边缘化、遭到排斥及学习成绩不良的学生群体;避免采取选拔性考试,根据学生入学成绩设"重点班""实验班";不能对学生抱有成见,不给学生"贴标签",相信学生都是可以教育的。

(2)引导教师深入了解学生个体差异性。

教师面对的学生千差万别,他们在智力结构(多元智能等)、学习类型(视觉型、听觉型、动觉型、触觉型等)、认知风格(场依存与场独立等)、学习准备状态(认知、情感准备状态)、学习风格(掌握型、人际型、理解型、自我表达型)等方面存在很大差异。而传统上,我们的教师总是习惯按照成绩把学生分成三六九等,全然不顾学生众多的个性差异。为了更好地了解学生差异,校长可引导教师采取以下几种做法:第一,运用一些心理量表,如学习类型调查(24题,分 V、A、T 三类分数)、认知风格(场依存/场独立)调查——镶嵌图形测验、自尊量表、柯塞人格气质量表中文版Ⅱ、所罗门学习风格分析表、智能倾向测量(加德纳八种智能的得分)、PISA 自主学习策略调查等,深入了解学生的个性特征,在此基础上,教师才能更好地了解和响应学生的各种需要。例如,美国学者阿姆斯特朗建议教师,判断学生多元智能发展情况的最好办法就是观察他们在课堂上的不规范行为,"有语言天赋的学生经常在课堂上乱讲话,空间智力发展较好的学生会乱涂乱画或做白日梦,有人际关系智能倾向的学生喜欢参加社交活动,有运动感的学生总是坐立不安"。第二,教师还可以采取教练技术(coaching)、家长访谈深入了解学生。在一问一答中,在孩子的讲述和耐心的倾听中,对孩子的兴趣、优势(他/她喜欢做什么? 他/她什么时候状态最佳? 他/她以什么方式呈现学习成果最有效?)做深度的了解,并总结孩子的强项,在教学中更好地利用孩子的兴趣和强项进行学习,以保持孩子学习的积极性和主动性。第三,学生作品、试卷分析。教师可以对学生的课上练习、作业、试卷、作品、作文等做深入分析，了解学生常用解题思路及其存在问题，在课堂上进行针对性纠正。

（3）选择恰当的教学方式。

近年来，随着学习科学和脑科学的发展，多元智能、友善用脑、优势学习等理论都对学生的学习特点有了深入的研究。例如，多元智能理论告诉我们，所有人都具有八种智能，包括语言智能、数理逻辑智能、视觉空间智能、音乐智能、身体运动智能、人际交往智能、自我认识智能和自然智能，但是，大多数人只能在一两种智能上表现出色。我们的教学就是要挖掘和利用学生的优势智能，让其体验成功和自信，同时在多类型学习活动中使得其他智能领域也获得相应发展。

【示例分析】

案例 3-1：北京通州区永顺小学借鉴多元智能理论
促进学生个性化学习的实践

第一，做好前期调查，全面了解学生智能分布状况。

我校制定了《永顺小学学生多元智能检测表》，对 3—6 年级全体学生进行了问卷调查，问卷共 110 个问题，涉及 8 项智能。我们将调查结果按班级逐个学生进行统计，算出班级每项智能的平均分及全班高于平均分的人数。这样既可以了解学生个体智能分布状况又对全班学生智能强弱项的分布一目了然。我们将调查结果分发给实验教师，便于教师准确了解学生的智能差异，在教学中有的放矢。

第二，开展学习培训，转变教师教学观念。

教师们在反复研讨中逐步明确开展多元智能教学的思路：首先，不能失去学科特点，不能为了多元而多元。其次，要注重引导学生根据自己的智能强项自主选择恰当的学习方法。最后，要善于运用多元评价调动学生开展个性化学习的积极性。

第三，尊重个体差异，让学生择优张扬个性。

作为教师，应该充分尊重每个学生的优势智能领域，并努力创造条件，使其优势智能得以最大限度的发挥，并引导和帮助学生将自己优势智能领域的特点迁移到弱势智能领域中去。我们倡导学生在课堂上"展示最强的我"。

如音乐张老师在教学《童心是小鸟》时，让学生用自己最擅长的方式表现这首歌曲。因为教师尊重了学生的差异，没有采取一刀切的做法，促使学生兴趣十足，都想把自己最好的一面展示给大家，朗诵、舞蹈、演唱、用各种打击乐伴奏……形式多样，收到了较好的教学效果。

分析：

永顺小学借鉴加德纳的多元智能理论，充分尊重学生的个性差异，探索出因材施教、促进学生个性化学习的有效策略：创设和谐氛围，让学生轻松展示个性；注重学法指导，让学生依法发展个性；尊重个体差异，让学生择优张扬个性；实施任务驱动，让学生在合作中取长补短。课堂上学生用自己喜欢的方法学习，用自己擅长的方式展示，真正成为学习的主人。

22. 尊重教育教学规律，注重培养学生的责任意识、创新精神和实践能力。

【要点解读】

教育教学规律主要有教师主导作用与学生主体作用相统一的规律、间接经验与直接经验相结合的规律、掌握知识和发展智力相统一的规律、传授知识与思想品德教育相统一的规律。应试教育严重背离了教学的基本规律，教师在课堂满堂灌，学生死记硬背；只重视教材，忽视学生的实践经历，学生亲自动手、深度研讨的机会较少，缺少获得直接经验的过程；教师只重视学生知识掌握的程度，学生提出问题、解决问题、团队合作、创新与批判等多方面能力无法得到充分发展，无法满足社会对人才素质的要求。正是针对以上问题，素质教育和新课程改革得以不断深入推进。《中共中央国务院关于深化教育改革全面推进素质教育的决定》指出，实施素质教育要以培养学生的创新精神和实践能力为重点。基础教育新课程提出，新课程的培养目标应体现时代要求，其中，具有初步的创新精神、实践能力、科学和人文素养以及环境意识是"四有"新人的重要素养之一。为此，新课程改革着力在课程目标、内容、结构、实施、评价和管理六大方面进行革新。

【履职建议】

（1）尊重规律，牢固树立"学生发展"为中心的管理理念。

今天的学校教育中，的确存在一些不尊重教育、教学和管理规律的现象，作为校长不能盲从，随意追随一些社会潮流，必须有对教育的本质深入思考、对学生发展发自内心的重视。校长不能单纯依靠经验办学，还要深入学习教育学和管理学知识，辩证地看待社会经济发展与学校教学改革的关系，带着学校管理实践中的问题认真读书，在思考中获得解决问题的科学方法。在大力提倡素质教育的今天，还有些校长眼界狭窄，片面追求学生成绩、片面追求升学率，没有考虑国家和社会发展对于人才素质的要求，没有把学生的终身发展放在心上。对于国家和个人可持续发展而言，学生的责任意识、创新精神和实践能力是最为重要的，这种认识业已达成共识。

（2）创新课程体系，开发校本课程，发展社团活动，培养学生责任意识、创新精神和实践能力。

随着三级课程体系的建立，很多学校结合自己的学生培养目标、办学理念的落实，在三级课程整合、校本课程开发与国家课程校本化实施方面做了很多有益的探索。例如，华南师范大学附属中学校本课程内容模块包括校园节日活动系列、学生社团活动系列、校园大师讲坛、综合社会实践活动课程、学科精品校本选修课程以及国家课程校本化。最富有特色的是，该校构建了"两头在外"的科技教育、综合实践平台，让学生能够"顶天立地"，一头通过"学农"社会大课堂（如农业生产劳动、为农村小学上课、走访、慰问农村"五保户"以及"三农"问题的调查）学习为人之道、农业技术；另一头通过"学科冬令营和夏令营活动体系"加强对先进国家科技发展和我国历史、地理、文化的综合学习。

（3）校长引导教师在课堂教学内容选择、环节设计、表现评价上引导学生责任意识、创新精神和实践能力的发展。

例如，河南省西峡县发展了"三疑三探"模式，教师可以在学科教学中灵活运用此模式，有针对性地培养学生质疑、探究能力。"三疑三探"教学模式共有四大环节，即"设疑自探——解疑合探——质疑再探——拓展运用"。"疑"是想方设法让学生提问题，敢于质疑，为学生下一步学习预设情境。

"探"是学生带着问题自主学习、合作探究解决疑难问题，再有效运用知识解决问题。该模式关注学生自主学习能力的培养和学习方法的指导，有利于学生创新意识与实践能力的训练。

【示例分析】

案例 3-2：合肥市第四十八中学课堂教学注重培养学生的创新意识和能力①

多年来，我校以创新教育为主题，以课堂教学为主渠道，开展了丰富多彩的创新教育活动，并取得了颇为丰硕的成绩。我校每年举办一届科技教育活动月或科技教育活动周，使学生受到了耳濡目染的影响，创新教育已在潜移默化中影响着他们，并不断地充实着他们的学习和生活。各种以创新教育为主题的课外兴趣活动小组已遍布学校的各个年级。学生们在学校组织的各种各样的创新教育活动中，写出了很多科学小论文，完成了多件小发明、小制作。经过多年来的实践与研究，我校的创新教育已具备了一定的底蕴，并日渐成为我校的一个办学特色——培养学生的创新意识和创新能力，即以科技创新为切入口；以创新管理、创新德育、创新教研，融创新教育于日常教育教学过程中；以兴趣小组活动和校园文化为抓手，培养学生的创新意识和动手实践能力，追求学生创新能力的形成。

分析：

该校以"创新教育"作为学校核心办学理念，通过多门类课程、多类型活动、多形式教学，尤其是紧紧抓住课堂这个主阵地不放。例如，文科教师巧用"三境"培养创新：一是在课堂教学中创设质疑情境，鼓励学生自主质疑去发现问题，大胆提问；二是在课堂教学中创设交流情境，有计划地组织学生讨论；三是在课堂教学中创设想象情境，变"单一思维"为"多向拓展"思维。又如理科教师培养创新学生的"三性"：有的采用"一题多解"培养学生思维的发散性；有的采用"多解一题"培养学生思维的灵活性；有的采用"一题优解"培养学生思维的独特性。该校将对学生创造能力的培养落到了实处。

---

① 本案例改编自史承灼：《以校园文化培养学生创新意识》，合肥市第四十八中学网站（http://www.hf48zx.com/html/yjlw/201012720035312.html）。

23. 尊重教师的教学经验和智慧，积极推进教学改革与创新。

【要点解读】

课堂教学是每个教师个性化的创造活动，离不开教师个人智慧和经验的施展，这就需要学校管理在尊重教师的专业自主权的基础上，下大力气调动教师参与教学改革的积极性和主动性，最大限度地动员教师参与到教学变革的洪流中。

教师的教学经验和智慧都属于教师的实践性知识范畴，是有待挖掘的隐性知识。应该对这些隐性知识进行科学管理，形成自己学校的知识管理系统。知识管理主要是促进隐性知识和显性知识在组织与个体、个体与个体之间进行转化。每一所学校都应当在组织内部储存和扩散知识，实现知识的内部化，然后以显性知识或隐性知识的形式把新知识通过每一个教师外化，实现学校管理的提升。每一个教师分别把自己的隐性知识（包括经验）在组织里贡献、传播、交流、分享、共鸣，促进协作和持续学习，加快个人以及组织的知识更新，再把得到的新知识内化，成为教师个体的隐性知识，运用到自己的工作中去，实现教学方式的变革与创新。

【履职建议】

(1) 校长要保障教师专业自主权，重视教师的变革智慧。

教师属于知识工作者，除了在教学及教室层面可享有自我的专业自主外，也应参与学校的相关事务及专业团体活动。教师在自我层面拥有决定教学目标、选择教科书、选择教学方法、决定教学进度、选取补充教材、作业指导、教学评价、班级常规辅导、生活辅导、学业辅导、教学设备选定、课程设计、学生编班十三项专业自主权。学校层面的专业自主又包括参与专业发展活动、参与教师专业组织、参与学校行政决策、参与课程发展、参与改善教师工作条件和维护教师专业尊严等。而我国中小学教师的专业自主权普遍比较缺失，表现在课程编制无参与权、教学安排无选择权、教学决策无知情权、对学生学业成绩的评价无决定权，专业发展依赖性大，对课程内容、教材选择和教学方法选择也缺乏自主权等。只有强化教师专业自主，才能充分保证教师的教学自由，才能给教学创新提供足够的空间，才能促进教学品质的提升。

（2）为教师提供平台、搭建舞台，实现教师隐性知识的外显。

学校可举办经验交流会、示范课等直接示范引领，并鼓励他们把优秀经验、研究成果等进行梳理、提炼、整合为有一定结构知识或体系，存入学校的教师专业知识库，使得每一个教师的零散的知识能够转变成具有学校特色的教师知识体系，让全体教师能够随时享用。

（3）为教师的教学改革提供支持和保障。

校长需要在时间、专家资源、设备更新等方面为教师进行教学改革提供多方面保障，更重要的还要有容忍教师创新失败的空间，为教师提供心理支持。有些学校、有些教师故步自封、满足现在，总是不敢尝试，唯恐一点改变会影响到学生的学习成绩，"升学率"成了绑架师生发挥创造性的枷锁。要知道考试和分数并不是学校教育的全部，我们必须为国家发展、民族未来、学生终身负起更为重要的责任。

【示例分析】

案例 3-3：北京四中为多名教师举办教育思想研讨会

在刘长铭校长的策划下，北京四中陆续为校内特级教师、优秀教师开办了教育思想研讨会。2010 年一位历史教师的研讨会是这样召开的：首先通过短片向大家介绍赵利剑老师的特点，之后是赵利剑老师"敬畏历史"的主题发言。研讨会上，还借助访谈，以现场和视频两种呈现方式展现了同事们和学生们眼中的赵利剑老师。同时，关心、帮助和见证赵利剑老师成长的师长们如李明赞、齐渝华、叶小兵等作为嘉宾发言，勉励赵利剑老师和其他四中老师。最后，刘长铭校长致辞。整个研讨会的过程中，"醉心读书""理性思考""激情生活"等成为出现频率最高的关键词。

分析：

学校需要为处于卓越期、成熟期和胜任期不同发展阶段的教师搭建差异性发展平台，让他们在不同层次的平台上，发挥自身最大的主观能动性和创造性，参与到新课程所提倡的教学方式变革之中。本案例中的北京四中主要是为处于卓越期的教师举办教学思想研讨会，除此之外，学校还可以采用建立名师工作室、经验交流会等形式传播名师的先进教学经验，促使名师回顾教学生涯，总结教学经验，梳理、形成自己独特的教学风格。对于成熟期教师，学校应该为他们争取更多公开课、赛课的机会，让他们在公开竞争中打磨教学能力、凝炼教学智慧；处于胜任期的年轻教师，富有活力和朝气，他们没有旧观念的羁绊，更愿意接受新思想、新观念，并在课堂教学中勇于采用新的教学方法和学习方式，他们这种作用同样应该得到学校的尊重。

二、专业知识与方法

24. 掌握学生不同发展阶段的培养目标和课程标准。

【要点解读】

目标是一切行动的出发点和归宿。学校的课程与教学最基本的依据就是培养目标，也称育人目标。培养目标是学校课程与教学的逻辑起点。依据培养目标，国家或地方课程主管部门编制课程标准。课程标准是具有国家行政效力的规范文件，是教材编写、学校课程实施、课程评价的依据。

我国针对 6 岁至 15 岁的儿童少年依法实施义务教育。根据心理学和教育学的研究，这一阶段是人的心理、生理、知识、能力、情感、社会性等方面发育发展的重要时期。同时，儿童少年时期也是人生发展变化最快的阶段。几乎每一年学生的身心都发生着快速的变化。其中最为重要的是，在义务教育阶段，学生将完成儿童期到少年期的转变，完成少年期到青春期的转变。因此，义务教育阶段的培养目标和课程标准必须遵循儿童少年的身心变化规律和认知发展规律，构建阶段性的培养目标和课程标准。

学校是实施课程与教学的终端，课堂是实施课程与教学的最终环节。因此学校校长领导课程和教学的重要基础就是掌握与学生发展阶段相适应的培养目标和课程标准，并以此来指导和引领学校的课程建设和教学实施，避免超越或落后于培养阶段的课程实施。

基于小学和初中的培养目标，国家教育行政部门制定了小学和初中各学科课程标准。课程标准不仅是教材编写的依据，更是学校实施教学的依据。校长在领导学校课程建设和教学过程中要依据课程标准，贯彻落实课程标准。

【履职建议】

(1)要依据《中华人民共和国义务教育法》掌握学生不同发展阶段的培养目标。

　　我国义务教育阶段培养目标的根本依据是《中华人民共和国义务教育法》。按照国家对义务教育的要求，教育教学工作应当符合教育规律和学生身心发展特点，面向全体学生，教书育人，将德育、智育、体育、美育等有机统一在教育教学活动中，注重培养学生独立思考能力、创新能力和实践能力，促进学生全面发展。

　　小学阶段的目标是初步具有爱祖国、爱人民、爱劳动、爱科学、爱社会主义的思想感情，初步养成关心他人、关心集体、认真负责、诚实、勤俭、勇敢、正直、合群、活泼向上等良好品德和个性品质，养成讲文明、讲礼貌、守纪律的行为习惯，初步具有自我管理以及分辨是非的能力。具有阅读、书写、表达、计算的基本知识和基本技能，了解一些生活、自然和社会常识，初步具有基本的观察、思维、动手操作和自学的能力，养成良好的学习习惯。初步养成锻炼身体和讲究卫生的习惯，具有健康的身体。具有较广泛的兴趣和健康的审美情趣。初步学会生活自理，会使用简单的劳动工具，养成爱劳动的习惯。小学教育是基础教育的基础，因此，在这个阶段为学生今后全面和谐充分发展打下初步的基础，是小学教育培养目标的重要特征。

　　初中教育的培养目标是使学生具有爱祖国、爱社会主义、爱中国共产党的思想感情，初步树立辩证唯物主义、历史唯物主义的基本观点，初步具有为人民服务的思想和集体主义观点，具有良好的品德，以及一定的分辨是非和抵制不良影响的能力，养成文明礼貌、遵纪守法的行为习惯。掌握必需的文化科学基础知识和基本技能，具有一定的自学能力，运用所学知识分析问题、解决问题的能力和动手操作能力，培养学生实事求是的科学态度和不断追求新知识的精神。初步掌握锻炼身体的基础知识和正确方法，养成讲卫生的习惯，具有健康的体魄。具有一定的审美能力，初步形成健康的志趣和爱好。掌握一定生产劳动的基础知识和基本技能，了解择业的一般常识，具有正确的劳动观点、劳动态度和良好的劳动习惯。初中教育是小学教育的继续，又是为普通高中、职业高中和成人高中打基础的教育。初中教育阶段的学生处于学龄中期（少年期）。初中教育的培养目标，要在小学阶段使学生"初步"得到全面发展的基础上，为促进他们的身心健康、和谐发展打好坚实的基础。

　　校长在领导课程和教学实施过程中要充分尊重以上基于学生发展阶段提出的培养目标的要求，按照国家课程计划要求开齐课程、开足课时，促进学生全面健康地发展。尤其要避免为了提高成绩或选拔优秀生源而超越培养阶段，超前实施课程计划内容，不注重学生全面健康发展，只开设与升学考试有关学科的课程实施行为。

(2)要依据《国家基础教育课程改革纲要(试行)》(以下简称《纲要》)掌握课程标准。

《纲要》是国家实施课程改革的基本依据，也是各学科课程标准制定的基本依据。《纲要》指出，整体设置九年一贯的义务教育课程。小学阶段以综合课程为主。小学低年级开设品德与生活、语文、数学、体育、艺术(或音乐、美术)等课程；小学中高年级开设品德与社会、语文、数学、科学、外语、综合实践活动、体育、艺术(或音乐、美术)等课程。初中阶段设置分科与综合相结合的课程，主要包括思想品德、语文、数学、外语、科学(或物理、化学、生物)、历史与社会(或历史、地理)、体育与健康、艺术(或音乐、美术)以及综合实践活动。积极倡导各地选择综合课程。学校应努力创造条件开设选修课程。在义务教育阶段的语文、艺术、美术课中要加强写字教学。根据《纲要》提出的小学和初中课程设置结构，国家教育行政部门组织各学科专家研究制定了学科课程标准。校长领导课程和教学应该了解各学科课程标准的目标要求，并组织各学科教师深入研究学习。校长要在了解各学科课程标准的基础上，积极帮助学科教师创设有利于落实课程标准要求的课程资源和教学条件。

(3)要根据本地本校学生的实际情况，确定学校具体的办学理念、育人目标和课程计划，有特色地落实国家课程标准。

国家教育行政部门制定的培养目标和课程标准是面向全国所有学校和学生，代表了国家的教育意志。每个地区、每所学校服务学生的外在生活经验和内在认知水平都有差异，因此学校在贯彻落实国家的教育法律法规过程中应因地制宜、因校制宜，制定本校具体的育人目标，并根据学校的育人目标整体构建学校课程体系，设置学校课程，制订每学年具体的课程计划。

【示例分析】

案例 3-4：北京市第五中学分校依据初中学生培养目标构建课程体系①

北京市第五中学分校确立了初中阶段全面性、基础性、发展性的育人目

---

① 杨春林：《精致课程成就精致教育》，载《北京教育(普教版)》，2012 年第 5 期。

标。学校围绕培养目标，以国家课程和 68 门校本课程为主干，构建起了学校课程体系的整体框架，力求为学生全面发展、长远发展奠定坚实基础的同时，开发学生的智力潜质，培养学生综合素质、科学素质和创造力，形成了"精致教育"的课程体系。

学校认为 12 岁至 15 岁这三年的变化是人生中最为巨大的变化，这种变化体现在身体、心智和心灵的急速发展上。初中阶段也是学生确立世界观、人生观、价值观的重要时期。在这身心发展的高峰期和危险期，初中生不仅呈现叛逆的个性以及极强的可塑性，还常陷入自卑或自信的情绪中，容易出现明显的分化，良性或恶性的发展趋势都会在初中呈现。因此，在规划学校课程体系时，必须充分重视学生在这一时期的特点，考虑到学生身心发育、课程难度、考试压力、负面的社会观点、父母价值观对学生的影响等因素。所以，初中教育既要全面规划，又应该因人制宜；既要巩固儿童时期养成的优秀品质，还应该培养学生积极向上的人格品质。初中教育要做实、做细、做精致，这样才能为每一个学生未来的发展奠定坚实的基础。

分析：

北京市第五中学分校的"精致教育"课程体系建设体现了三点：一是学校依据我国初中发展阶段的总体培养目标，进一步确定了学校落实国家课程的基本目标，即：初中阶段全面性、基础性、发展性的培养目标；二是依据第五中学分校发展基础与学生特点构建了学校"精致教育"的课程体系；三是第五中学分校注重学生全面素质的发展，注重各学科整合，促进了初中阶段学生全面、健康、持续地发展。

25. 了解课程编制、课程开发与实施、课程评价的相关知识和教材、教辅使用的政策以及国内外课程教学改革的经验。

【要点解读】

当培养目标和课程标准确定后，首先要进行的就是课程编制及课程开发工作。我国第八次基础教育课程改革实施三级课程管理，这意味着国家、地方和学校都有课程管理权，都有课程编制、课程开发的权力。其中国家和地方承担着国家课程和地方课程的编制工作。学校承担着校本课程的编制和开发任务，以及对国家课程、地方课程和校本课程的有效整合工作。

学校最重要的课程任务是课程实施和课程评价。课程实施是对课程计划、课程编制的执行，也是对育人目标的实现过程。课程实施需要实施者理解课程编制的意图，并在课堂教学中有效运行课程。课程评价是课程实施的最后环节，同时课程评价也是一个非常复杂和专业的过程。广义的课程评价涉及课程资源和教材的评价、学生学业评价、教师实施教学评价等。校长掌握课程评价的知识和方法有利于促进学校课程编制、课程开发、课程实施的有效实现。

教材和教辅材料的选用是学校执行课程政策的重要课程行为。作为学校课程领导和管理者，学校校长应了解教材开发、教材选用和教辅材料选用的相关政策，以便在工作中有效落实。此外，在当前课程改革背景下，国内外中小学课程变革异常活跃，很多新的课程理念和课程实施经验不断产生，学校课程管理者要有开放借鉴的意识，主动学习了解国内外基础教育课程改革的前沿动态，以国际视角审视课程发展，不断提高学校课程建设的质量和水平。

【履职建议】

（1）认真学习课程论和教学论专业知识，提高课程建设理论水平。

课程论是一门相对较新但又比较综合的学科。在学校教学实践中涉及课程编制、课程开发、课程实施、课程组织、教材编写与课程评价等相关知识。校长要领导学校课程和教学工作就要了解课程论涉及的相关知识和政策，了解国内外课程教学改革的经验，加以借鉴。教学论是主要侧重研究教师教学过程的理论学科，也是学校教育者必须具备的教学实践的理论基础。在课程和教学理论发展的过程中也有趋于相互融合的说法，这是课程与教学联系性与统一性的体现①。正如美国课程论学者古德莱德提出的五个层次的课程理论，即理想的课程、正式的课程、领悟的课程、运作的课程和经验的课程，充分体现了课程和教学一体化的课程论理念。校长在学校课程和教学领导过程中学习掌握课程和教学论知识对学校课程建设和教学发展具有重要意义。

---

① 钟启泉：《课程论》，北京：教育科学出版社 2007 年版，第 3 页。

（2）学习《纲要》，贯彻落实教材和教辅材料的开发、选用制度。

教材开发、选用制度是国家重要的教育政策。自 2001 年我国实施第八次基础教育课程改革以来，基础教育课程政策的根本依据是《纲要》。教材开发和选用制度的主要依据也是《纲要》。《纲要》提出，实行国家基本要求指导下的教材多样化政策，鼓励有关机构、出版部门等依据国家课程标准组织编写中小学教材。建立教材编写的核准制度，教材编写者应根据教育部《关于中小学教材编写审定管理暂行办法》，向教育部申报，经资格核准通过后，方可编写。完善教材审查制度，除经教育部授权省级教材审查委员会外，按照国家课程标准编写的教材及跨省使用的地方课程的教材须经全国中小学教材审查委员会审查；地方教材须经省级教材审查委员会审查。教材审查实行编审分离。改革中小学教材指定出版的方式和单一渠道发行的体制，严格遵循中小学教材版式的国家标准。教材的出版和发行试行公开竞标，国家免费提供的经济适用型教材实行政府采购，保证教材质量，降低价格。教育行政部门定期向学校和社会公布经审查通过的中小学教材目录，并逐步建立教材评价制度和在教育行政部门及专家指导下的教材选用制度。改革用行政手段指定使用教材的做法，严禁以不正当竞争手段推销教材。

为加强教辅材料的监管，减轻中小学生过重的课业负担。国家新闻出版部门建立了教辅材料的出版监管制度。教育行政部门对学校选用教辅材料也提出了严格的要求。这些政策也是学校课程管理的重要依据。

校长在领导学校课程和教学的过程中要严格遵守教材选用制度要求，在地方教育行政部门的统一部署下选用教材。学校应建立教辅材料选用购买和使用制度，加强教辅材料使用监管。严控教师个体要求学生集体选用某一教辅材料的现象。避免因过度使用教辅材料增加学生课业负担。

（3）学习借鉴国内外中小学课程改革的经验。

当前国内外基础教育课程改革产生了很多好的经验，值得借鉴。如清华附小应用课程整合的思想，优化国家、地方和校本课程结构，构建了独具特色的"1＋X"课程体系，提高了课程效率和效果①。清华附小的经验是学校课程整合的良好案例。在国际基础教育课程改革中也有很多值得借鉴的良好案

---

①　窦桂梅：《基于 1＋X 课程的管理变革》，载《未来教育家》，2013 年第 3 期。

例如，国际文凭组织（IBO：International Baccalaureate Organization）所建立的小学主题综合课程①，以六大主题（我们是谁、我们处于什么时空、我们如何自我表达、世界怎么运作、我们如何自我组织、共享地球）为课程组织中心，整合语言、人文、数学、科学、体育、艺术等六个学科领域，构建了主题综合的小学课程体系。IBO课程的小学主题综合课程对我国小学课程的综合化实施具有借鉴意义。

【示例分析】

案例3-5：北京市第一师范附属小学快乐课程体系简介②

北京市第一师范附属小学在"快乐课程"的建设中，为培养学生"六乐"的品质，在小学阶段为学生奠定生命与发展的基础，社会与合作基础，实践与创新的基础，学校采取学科本位、经验本位、社会本位三种课程组织方式，将国家课程、地方课程、校本课程以校本化的方式进行整合，融合在语文、数学、英语、体育、科学与技术、品德与社会、艺术与设计七大学科领域中，架构起"1＋X快乐课程"体系。（见图3-1）

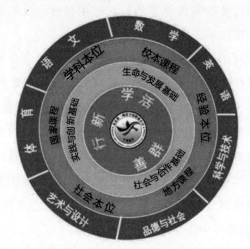

图3-1　北京一师附小的"1＋X快乐课程"体系示意图

在"1＋X快乐课程"体系中，从课程目标上，1代表面向全体、全面发展；X代表面对差异、培养兴趣；从课程内容上，1代表基础课程（七大领

---

① 国际文凭组织网站（http://www.ibo.org/pyp/），2014年2月25日。

② 张忠萍：《以课程微创新促进学校特色发展》，载《中小学管理》，2013年第10期。

域），X 代表拓展课程；从课程实施方式上，1 代表必修类课程；X 代表选修类课程。

表 3-1　北京一师附小"1＋X 快乐课程"体系明细表

1		X
国家课程	地方课程	校本课程（♯表示活动类课程）
1. 语文	写字	经典诵读（古诗、三字经、弟子规、论语、古文）、软笔书法 、读书节
2. 数学		趣味数学
3. 外语		
4. 体育	健康教育	武术、跆拳道、乒乓球、篮球、羽毛球、游泳、足球、舞动的精灵、功夫小子、运动会
5. 科学与技术（科学＋劳动技术＋信息技术）	环境与可持续发展安全应急与人民防空	机器人、现代军事、创意搭建、电子焊接、信息技术、低碳环保、园林种植、厨艺、科技节
6. 品德与社会（品德与生活＋社区服务＋社会实践活动）	我爱东城	美德课程（美德在我心、读故事讲感言、播新闻论天下）、心理成长、茶艺、天蓝蓝（学生自选主题若干）、爱心交易会、疏散演习社区服务、慰问活动、参观博物馆、游学活动等
7. 艺术与设计（美术＋音乐）		民族工艺、软陶、素描、民族服装、形体、泥艺、风筝艺术、优雅女孩、音乐节、书画艺术节

分析：

北京第一师范附属小学的课程体系建设是学校管理者运用课程论知识，借鉴国内外小学课程建设的经验，科学构建与学校育人目标相适应的课程体系的典型案例。首先，快乐课程体系构建运用了学校课程编制的理论，整合国家、地方和校本课程，构建符合学校育人目标的课程体系。其次，学校课程开发运用了学科本位、经验本位、社会本位三种课程组织方式，使课程内容更加贴近学生。最后是学校课程编制和开发借鉴了国内外课程编制的经验。

26. 掌握课堂教学以及教育信息技术应用的一般原理与方法。

【要点解读】

广义而言，课堂教学原理与课程教学论和教育学原理密切相关，所有的课堂教学原理都基于课程教学论和教育学原理。构建课堂教学原理的课程教学论包括三个方面理论，即课程论、教学论、学科教学论；教育学原理内容比较丰富，包括教育与社会、教育与发展、教育目的论、教育制度、教学论的历史和现状、我国教学论的基本问题、教学结构和课外活动、教育过程论等方面。可见，课堂教学原理必须符合课程论和教学论基本原则，落实学科教学论，兼顾教育与社会发展，遵守教育制度，借助科学合理的教学结构和过程，实现教育目的。狭义而言，课堂教学一般原理即学科教学过程中的设计课堂教学目的、内容、方法、步骤的基本原则。

作为校长，应该具备广博的理论储备，应该具备教育学原理和课程论、教学论等知识基础。在此基础上，校长应该在学科教学论方面有深刻认识和把握，进而掌握各学科课堂教学的基本原理，在课堂教学准备、课堂教学实施、课堂教学评价三个方面具有较高专业水平。课堂教学作为学校工作的核心内容，毋庸置疑，课堂教学是校长领导与管理的核心工作。正如苏霍姆林斯基所言："一个有经验的校长，他所注意和关心的中心问题就是课堂教学……"①校长对于课堂教学的领导，不能按照个人旨趣，应该遵循科学的课程论和教学原理，合理引领与指导课堂教学。

当前，信息技术的迅猛发展对传统课堂教学提出新挑战，同时为课堂教学提供新平台。信息技术应用能力已经成为学校教师和领导必备的专业能力，此项技术的推广应用受到教育部高度关注。为推动中小学教师信息技术在教育教学方面的应用，2013 年 10 月教育部出台文件《关于实施全国中小学教师信息技术应用能力提升工程的意见》。作为校长，应该了解信息技术发展动

---

① 董有志：《苏霍姆林斯基的校长教学领导思想研究》，载《现代教育论丛》，2010 年第 3 期。

向，基本掌握一般信息技术应用，把握本校教育教学工作推进过程中信息技术需求点，同时注重整个教师团队的信息技术素养的提升。

鉴于此，校长应该在掌握课堂教学和信息技术一般原理的基础上，因地制宜统筹规划学校的教育教学常规工作及教学变革，切实利用信息技术促进学校教学质量的提升及教育效能的改进。

【履职建议】

(1)把握课堂教学原理，掌握前沿教学方式方法。

校长在掌握国家课程目标及课改方向的前提下，应该了解课程与教学理论，掌握以学生为本的教育教学方式，深刻了解自主探究、合作学习等新方式，明晰教学基本问题(诸如教学中的师生关系，教学中的认知与情感，学生学习类型)[①]，了解课程的教学基本策略，包括课堂教学准备策略、教学材料的处理、教学行为的分类与选择、教学组织形式的设计、教案与学案的格式与类型。

(2)合理统筹教学与信息技术应用，全面提高教师团队信息素养。

校长应明确本校教学工作现状和未来发展定位，领导学校所有成员制定学校信息化发展规划、创建信息化教学环境、建立并执行一定的技术使用标准和问责制度，成功而有效地促进信息技术在教学准备、实施及反馈方面的使用。另外，校长需要结合信息化的发展制定策略规划，引领信息化的思想革新，培养信息化师资，领导信息化资源建设，关注信息技术效益，关注信息技术安全及高效运行，实现教育教学工作与信息技术的有效整合。

(3)把握教学改革动向，加速信息技术推动教学变革。

作为校长，首先应该重视利用信息技术建构合理的沟通平台，创造良好的交流氛围，其次利用办公自动化系统，推进学校管理的规范化。校长应该清楚认识课程改革发展的动向，合理把握信息技术与教学的整合，规划教学改革过程中信息技术的有效应用。最重要的一点是，校长应该了解信息技术，

---

① 施良方、崔允漷：《教学理论：课堂教学的原理、策略与研究》，上海：华东师范大学出版社 2009 年版，第 284～285 页。

包括云技术①、大数据②等前沿技术，以及翻转课堂③等衍生于信息技术变革的教学方式变革。校长对信息技术的了解，有利于对本校情况全面把握，科学统筹、合理推进学校教学变革。

【示例分析】

案例 3-6：重庆聚奎中学 8 门学科一起翻④

重庆聚奎中学在研究筹备了一段时间后，紧锣密鼓地开展了翻转课堂实验。首先搭建了视频和学习管理平台，为每位学生发放了平板电脑作为学习终端。语文、数学、英语、物理、化学、政治、历史、地理 8 学科中主要"翻转"了以下几个方面。

(1)少讲多学，合作共赢。

传统课堂 40 分钟的讲解浓缩为 15 分钟，教师少讲、精讲，节约群体授

---

① 云计算(Cloud Computing)，分布式计算技术的一种，其最基本的概念，是通过网络将庞大的计算处理程序自动分拆成无数个较小的子程序，再交由多部服务器所组成的庞大系统经搜寻、计算分析之后将处理结果回传给用户。视频云计算通常应用在教育行业。流媒体平台采用分布式架构部署，分为 web 服务器、数据库服务器、直播服务器和流服务器，如有必要可在信息中心架设采集工作站，搭建网络电视或实况直播应用，在各个学校已经部署录播系统或直播系统的教室配置流媒体功能组件，这样录播实况可以实时传送到流媒体平台管理中心的全局直播服务器上，同时录播的学校也可以上传存储到信息中心的流存储服务器上，方便今后的检索、点播、评估等各种应用。

② 大数据(Big Data)，或称巨量资料，指的是所涉及的资料量规模巨大到无法通过目前主流软件工具，在合理时间内达到撷取、管理、处理，并整理成为帮助企业经营决策更积极目的的资讯。大数据的 4V 特点：Volume(大量)、Velocity(高速)、Variety(多样)、Value(价值)。

③ 翻转课堂(The Flipped Classroom)，又翻译为"反转课堂"或"颠倒教室"，2011 年在美国各地兴起的"翻转课堂(反转课堂)"，很快就吸引了多方的关注。这种新型的教育教学形式，颠覆了传统意义上的课堂教学模式，也让处于课程教学改革胶着状态的人们看到了课堂改革的新希望。翻转课堂教学形式：视频取代面对面授课，学生在课堂上有更多自主时间与教师参与关键学习活动，过去的"讲课"已经可以通过授课视频由学生在家里完成，而过去的"家庭作业"却被拿到课堂上完成。翻转课堂的变革意义：增加学生和教师互动和个性化沟通的方法；学生自主学习的环境；教师不再是讲台上的圣人，而是身边的导师；直接指导和建议式学习的混合模式；翻转课堂让那些因病或参加活动的学生不会落下功课；翻转课堂的内容被永久保存，可供查阅和修正；所有的学生都参与到学习中；所有的学生都能获得个性化教育。孙爱青：《翻转课堂十大案例》，载《文汇报》，2013 年 4 月 19 日。

④ 《翻转课堂·中国案例》，载《校长》，2013 年第 6 期。

课平均化教学的时间，学生就有了大量的自主学习时间。学生课前已经完成了对知识的学习，在课堂上先独立做作业，对于难题则通过小组协作的方式来完成，组内不能解决的通过全班来解决，全班学生都不能解决的由教师来解决。在学生独立或互助学习时，教师巡视课堂，给学生以必要的个别指导。翻转课堂让所有学生都有事可做，让所有学生都"动"起来、"忙"起来，增加了师生之间和生生之间的互动和个性化的接触时间。

（2）课余学习与课堂练习。

实验教师提前一周录制好教学视频并上传至学校服务器，学生在自习课或课外使用平板电脑从服务器上下载并观看教学视频，回到课堂上与教师和同学面对面交流、讨论和完成练习。

（3）减少教师的重复讲解。

学生观看教学视频时，看不懂的反复看，并且可以随时暂停教师的"讲课"，有更充裕的时间做笔记和理解，减少教师的重复讲解。

（4）让优等生可以加速学习。

翻转课堂实验的理论设计是教师提前一学期录制好的教学视频，而第一阶段我们只能做到提前一周。学生的学习有很大的学科差异，传统的课堂教学很难让学生得到个性化教育服务。在优势学科中，学生可以加快学习进度，做该科的"先遣部队"，而不必像传统课堂一样跟随大部队，从而更好地发展这一优势学科。

（5）即时掌握学生的学业情况。

教师在备课时已经将一部分练习（目前主要是选择、填空和判断三种题型）上传至服务器，学生在课前根据预先录制好的教学视频自学完后，马上在线完成相关练习，学习平台会立即反馈正误。学生根据作业反馈决定是否再次学习本课内容，错误的记忆和理解得到及时纠正。通过一套统计软件，教师登录教学平台后立即知道这名学生对本课知识的掌握情况以及全班学生的整体学习情况，进而帮助教师调整教学进度、难度，制订个别辅导计划。

分析：

信息技术时代的校长，课程与教学领导力的构建一定要遵循课程教学原理，还要注意科学整合前沿信息技术手段。翻转课堂是一种教学方式的变革，这种教学方式强调教师创建视频，学生可以在家或者课外自主学习，回到课堂做师生面对面交流。需要注意的是，这种教学方式并非用视频取代教师，并非在线课程，并非学生无须学习，也不是让学生孤立地学习；这是一种增加学生和教师之间的互动和个性化的接触时间，让学生对自己学习负责的环境，教师作为学生身边的"教练"，是所有学生积极学习的课堂，也使所有学生都能得到个性化的教育。

信息时代的义务教育学校，处于新环境，面临全球化趋势，需要应对"多变""不确定""复杂"和"模糊"的新形势，在这种形势下，颠覆性创新无处不在，校长需要科学整合信息技术与课堂教学原理，推动义务教育课程与教学的发展。

三、专业能力与行为

27. 有效统筹国家、地方、学校三级课程，确保国家课程、地方课程的落实，推动校本课程的开发与实施，为学生提供丰富多样的课程教学资源。

【要点解读】

课程作为学校教育的核心载体，可谓学校的核心竞争力。《国务院关于基础教育改革与发展的决定》和《基础教育课程改革纲要（试行）》中明确提出，为保障和促进课程对不同地区、学校和学生的要求，要实行国家、地方和学校三级课程管理。因此，有效统筹和落实国家、地方、学校三级课程，为学生提供丰富的课程教学资源，正是校长课程领导能力的行为体现。

国家课程是基础教育课程方案的主体部分，集中体现了国家的意志，具有统一规定性和强制性，但其目标是基本的、较低要求的。地方课程体现本地的教育发展水平，结合本地的社会、经济和文化发展现状，利用本地的课程资源，具有较强的针对性。为照顾学生的个别差异，满足学生多样化的需要，促进教师专业能力的持续发展，开发适合本校实际的、具有学校自身特点的校本课程成为目前学校课程开发和实施的重点之一。完善的校本课程开发与实施工作需要在相关研究机构的支持与引导下，由以校长为首的校级领导依据本校育人目标和学校文化，提出本校校本课程开发与实施的目标框架，同时根据本校教师、其他研究力量以及可纳入的社会资源等实际情况，进行组织开发，并在实施过程中，根据实际情况进行不断的调整和完善。

在学校课程的落实和实施上，有四个发展水平：第一发展水平，学校开齐国家规定的课程门类，开足国家规定的课时。第二发展水平，有能力的学校兼顾自身的条件与特色，实现国家和地方课程的校本化实施。第三发展水平，校本课程深入有效的开发和实施。第四发展水平，学校自身课程体系建设。随着课程改革的深化，学校课程实施过程中，片面注重国家课程、地方课程或者校本课程都不能满足全人教育的育人目标，必须实现三级课程的科学整合，谋求三者的内在统一，形成学校课程的整体构建，才能更好地实现学校育人目标并促进学生的可持续发展。①

【履职建议】

三级课程管理体制的确立，要求校长要从课程管理走向课程领导，从行政权威走向专业权威，② 更加关注学校课程的开发、指导与实施，更加关注学校教师专业的成长，更加关注学校课程文化的建构，而这些正是校长课程领导力的核心所在。能否形成适合本校三级课程的有机整合，学校管理者对课程实施的专业支持和思想引领起着决定性的作用。

（1）依法开齐开足国家要求的课程门类和课时。

学校必须按照国家法律和相关的规定，开齐国家规定的课程门类，开足国家规定的课时。校长应勇于担当责任，高度重视义务教育中国家课程的规定性和强制性，应将其内在的教育公平性与学校的育人目标和小学理念实现统一。

（2）进行国家课程校本化探索。

就现行三级课程实施背景下，各校在国家课程校本化改造方面都拥有了一定自主权，校长应从学校实践层面思考国家课程的落实问题，结合学校的

---

① 陈丽、李希贵等：《学校组织变革研究：校长的视角》，北京：教育科学出版社2013年版，第176～187页。

② 钟启泉：《从"行政权威"走向"专业权威"——"课程领导"的困惑与课题》，载《教育发展研究》，2006年第7期。

办学理念、师生状况和现有资源形成自己学校的课程实施特色，其常见的落实途径为对国家课程进行合理的调整和改造，其一般方式有降低或增加课程难度、调整教学内容顺序、课程内容创新整合等。校长作为学校课程落实和实施的领导，要坚持教师和学生在课程实施过程中的主体性地位，使学校成为课改中不断向前发展、充满生机的组织。

(3)校本课程体系化建设。

学校根据自己的育人目标和办学特色有目标、有组织、有步骤地进行校本课程的开发、实施和评价。在校本课程的开发实施中，需要注意以下几点①：第一，课程框架的搭建要注重"保证基础、拓展个性"，即校本课程是在保证国家课程实施的基础之上、符合本校育人目标所进行的丰富和拓展。第二，课程内容的设置要注重整体性和系统性，避免因自主开发和开设所导致的内容上的随意性和碎片化倾向。第三，注重课程形式上时间、空间的拓展以及教学模式上的创新。第四，注重校本课程开发与实施中的综合性、实践性和开放性。第五，始终重视课程开发和实施过程中的三个维度：即教师、学生的主动性，对外部课程资源的重视和利用。

(4)学校课程的整体构建。

学校在完成国家课程计划的前提下，有机整合地方课程和校本课程后，形成本校课程实施的校本特色。如北京市"遨游计划"中的一些学校，试图打破学校单一课程体系建设的局限，开始自身学校课程体系建设之旅。其重要依据就是学校的办学思想、办学目标与培养目标、发展战略等，在此基础上对国家课程、地方课程和校本课程进行系统思考，整体构建，形成本校独特的课程体系，如北京小学的四季课程体系建设、北京市海淀区五一小学的幸福素养课程体系等。②

(5)立足学校现状，全面权衡学校课程资源，对发展阶段适切性定位，进而对学校课程进行有效统筹和校本化改造。

---

① 李群、王荣珍：《北京市校本课程开发与实施基本模型解析》，载《中小学管理》，2013年第5期。

② 陈丽、李希贵等：《学校组织变革研究：校长的视角》，北京：教育科学出版社2013年版，第188页。

学校课程的有效统筹和实施是个系统化工程，校长在进行学校课程统筹和改造时，应立足学校现状，全面权衡学校课程资源，对本校发展水平进行适切性的定位。而如前所述发展的第三和第四水平，尤其强调根据学校办学理念、育人目标、师生情况、现有资源与能够整合的资源，对学校课程的目标和内容进行调整。

【示例分析】

案例3-7：北京白家庄小学三级课程整体推进的策略①

作为北京市地方课程《我爱北京》的实验校、北京市五所校本课程基地校之一，白家庄小学的四个校区已经共同开发、形成了紧紧围绕"品味文化"主题，适合学生个性化发展、满足学生多样化需要的128门校本课程。在此基础上，祖雪媛校长考虑如何帮助教师打破以往的思维方式和教学模式，跨越学科、跨越课程，最终实现教师自己的跨越式可持续发展。

白家庄小学已经形成了自己的尊重教育的文化体系，因此，学校在实验研究中以四个尊重，即"尊重所有人、尊重环境、尊重资源、尊重文化的多样性"核心价值理念为指导，分为"文化、环境与资源、人际交往、安全与健康"四个主题作为研究的切入口。本学期的研究重点是"尊重文化的多样性"这一主题。这种选题思路使学校最终确定了以地方课程《我爱北京》教材涉及的相关文化主题为主线展开三级课程整体推进研究，共同凸显深化浓浓的"北京情中国心"，而这也是学校多年来所追求的传承传统文化的特色内容。

在进入研究之前，主题、内容相同、相近或相通的课程被编成一组，并且同时在一个班内开展教学实验。

在分组研究的过程中，实验教师本着点——面——点的程序开展研究。即研究一开始，教师要"闭门造车"，在尚未关注其他课程时独立分析自己这门课程的教学内容和教学目标；接下来是合作研究，在全面比较其他课程资源、内容、目标等基础上，找出本组三级课程具体内容相同、重合或相似相通的部分，找到相关联的对接点、融合点、生长点；最后，通过对比确定自己所教课程的重点、特点，进行教学设计。

---

① 《白家庄小学课程联动唤醒"北京情 中国心"》，新浪网新浪教育（http://edu. sina. com. cn/exam/2012—11—02/1550360963. shtml）。

在所展示的"名胜古迹"这一主题中，校本课程《刮画》撷取了中轴线上的一个点——天安门，进行刮画教学。地方课程《我爱北京》中的《中轴线上的古老建筑》一课则侧重引导学生参与实践，游览欣赏中轴线上的典型建筑，探究背后的小故事。在学习国家课程《北京名胜古迹多》时，学生已经有了一定的情感和知识基础，教师通过"逛一逛""赏一赏""数一数""品一品""夸一夸"的活动，激发了学生热爱北京的情感。三级课程多个学科以相关的主题作用在同一个班级同一个学生身上，使学生的学习更加深入。"三者形成合力，使得学生视野更加开阔、主题内容学习更加深化、综合能力得到提升。"

分析：

北京市白家庄小学在凝聚文化，整合国家、地方、校本三级课程的实验过程中，形成了有效策略，唤醒了教师的课程意识，打破了学科壁垒和课程壁垒，形成了多种学习方式介入的、学校特有的课程教育资源群和以课例为载体的科学的系列方法训练课，实现了多个学科、多种方法、多种能力、多种教育功能、多重教育空间的整合，同时，也使学校多年来所追求的传承传统文化的特色更加鲜明、亮丽。

28. 认真落实义务教育课程标准，切实减轻学生过重课业负担，不得随意提高课程难度，不得挤占体育、音乐、美术及少先队活动等课程的课时，确保学生每天一小时校园体育活动。

【要点解读】

在我国，中小学生课业负担过重的问题由来已久，形成原因复杂，涉及考试制度、学校管理、家长观念以及传统文化消极影响等多个因素。义务教育的"减负"问题一直以来为政府和社会所重视。新中国成立至今，政府的"减负行动"基本没有停止过。1951年当时的政务院在《关于改善各级学校学生健康状况的决定》中就指出要减轻学生课业学习和社团活动的负担。1964年中共中央和国务院批转教育部临时党组的《关于克服中小学学生负担过重现象和提高教学质量的报告》中指出，学生课业负担过重的问题更加严重，其原因是，学业负担过重的问题开始和片面追求升学率相联系了。2000年《关于中小学减轻学生过重负担的紧急通知》重在落实义务教育的规定，更对考试范围、教材购买、有偿教学等情况进行果断的处置，防止进一步恶化。

2010 年公布的《国家中长期教育改革和发展规划纲要（2010－2020 年）》（以下简称《纲要》）则更为明确地提出"减轻学生课业负担是全社会的共同责任，政府、学校、家庭社会必须共同努力，标本兼治，综合治理"。在具体操作上，《纲要》要求：调整教材内容，科学设计课程难度。改革考试评价制度和学校考核办法。学生负担过重和学校的教学方式和学习内容有很大关系，因此《纲要》提出：提高教师业务素质，改进教学方法，增强课堂教学效果，减少作业量和考试次数。培养学生学习兴趣和爱好。严格执行课程方案，不得增加课时和提高难度。此外，《纲要》也对家庭教育提出了要求：家长要树立正确的教育观念，掌握科学的教育方法，尊重子女的健康情趣，培养子女的良好习惯，加强与学校的沟通配合，共同减轻学生课业负担。

我国减负工作已经进行了近 60 年的时间，虽然取得了一定的经验，但并未得到实质性的解决。2012 年，《中共中央关于全面深化改革若干重大问题的决定》提出要"标本兼治减轻学生课业负担"，标志着多年来的"减负问题"也到了攻关的阶段。教育部更是有针对性地推出《小学生减负十条规定》，期冀义务教育的"减负"能切实有效。自 2013 年以来各地政府也纷纷发布减负的具体措施。如北京市教委 2013 年初发布《关于切实减轻中小学生过重课业负担的通知》，天津市于 2014 年 2 月正式发布《关于义务教育学校减轻学生课业负担的规定》等。这些《通知》和《规定》也大体包括：严格执行义务教育新课标，严格控制学生在校学习时间，严格控制作业量，严格规范考试和评价工作，严格禁止违规补课，严格教辅用书管理，严格各类竞赛管理，落实文体活动等几个方面。

政府在关于提高青少年体质方面对学校也有明确规定。2007 年颁发的《中共中央国务院关于加强青少年体育增强青少年体质的意见》和 2010 年发布实施的《国家中长期教育改革和发展规划纲要（2010—2020 年）》都曾明确规定"保证学生每天锻炼一小时"。2013 年教育部的《小学生减负十条规定》又强调指出，让学生"每天锻炼一小时，开足、上好体育课。安排好大课间活动或课间操、眼保健操，确保学生体育锻炼时间"。可见中央对青少年体育锻炼的重视。

【履职建议】

在中央及地方此次巨大的"减负"决心之下，学校应坚决坚持"标本兼治，综合施策，把时间、空间、健康还给学生"①的减负宗旨，以减轻学生过重的课业负担以及所带来的生理和心理的负担。"减负"一再受到阻碍和质疑的关键在于，社会对于"减负"背后可能带来的"减质"的担忧。因此，校长必须一手抓"减负"，一手抓"提质"，教学质量和水平上去了，才能赢得家长和社会的认可，使"减负"不再"隔靴搔痒"。

(1)校长应正确认识"减负"，落实课标上的减负。

学校应坚持站稳"减负"立场，落实义务教育新课标中的课程和教学难度上的"减负"，尊重学生的发展特点，认真组织教师学习研讨如何在课程容量和课程难度上落实新课标的要求。重视学生的文体活动安排，不得挤占体育、音乐、美术等课程的课时，确保学生每天一小时校园体育活动。

(2)建立课堂教学的监督机制。

为了落实学校的"减负提质"，应该建立课堂教学的监督机制，将"减负"具体落实到教师的课堂教学活动中去，将"减负"纳入到学校的"听评课制度"中去，只有教师将"减负"在思想上重视起来，在行动上落实到位，才能真正减轻学生的负担。

(3)夯实"减负"重任，做好家校沟通。

校长在贯彻一系列"减负"措施的同时，需要做好与家长的沟通工作。引导家长改变教育观念，避免出现"学校减负，社会增负""教师减负，家长增负"的现象，使孩子们真正享受到"减负"带来的益处。

(4)重视学生的健康，保障体育活动时间，创新体育活动形式。

学生身体健康也是保障教育教学良好秩序的根本。近些年，对中国青少年体质的质疑声也不绝于耳，学校应致力于改善这种状况，应根据本校的运动场地及地区气候特点创新开展适合学生的体育运动，使学生强身健体。

---

① 《教育部将督察学生"减负"情况》，载《扬子晚报》，2013年12月6日，第2版。

【示例分析】

案例 3-8：回归基础 回归儿童 回归全体

——对北京市西城区北京小学如何减负的调查[①]

北京小学在多年实施素质教育的探索中，坚守基础教育的基础性，形成了一套独特的实施素质教育的思路，收到了良好的成效。

改课程：创造适合学生发展的教育

在校本课程建设中，学校在对师生进行问卷调查，了解学生课程学习需求和教师潜在课程资源的基础上，努力做到"思维新""内容新"和"方式新"。注重提升对学习的自主追求及实践能力，受到学生的欢迎。

改课堂：让教学"实与活"

所谓"实"，就是体现务实的态度、扎实的教风，让不同学段的学生学有所得、学有所长。所谓"活"，指教学要目中有"人"，教学方法灵活多样，使课堂教学充满活力。

改课时：给学生更多的自主空间

学校将每节课40分钟压缩到30分钟，每天6节课调整为8节。一是符合小学生注意力集中时间较短的特点，有利于提高学习效率；二是对任课教师提出了更高要求，提高课堂效率；三是为学生创造了更多自主活动的时间。学校通过探索课时改革，把"每天锻炼一小时"的要求落到实处，还将游泳、乒乓球、篮球、羽毛球4个项目作为专项教学内容在各年级开展，促进了学生终身体育锻炼意识的形成。

改作业：家校合作落实减负

学校非常重视对学生日常作业和寒暑假作业的研究与管理，严格控制作业数量，注重作业设计的儿童性、基础性、发展性和层次性。学校组织教师和专家为每个年级的学生编写了北京小学学本，即《语文园地》和《数学花园》，免费提供给学生使用。使学生不盲目购买作业练习册，家长也不购买教辅材料，达到了既减轻负担又提高成绩的效果。

---

① 《回归基础 回归儿童 回归全体——对北京市西城区北京小学如何减负的调查》，载《中国教育报》，2013年2月22日，第3版。

改评价：让学生做最好的自己

学校强调以发展的眼光看每一名学生，提出了小学生评价的三个重要策略：一是从横比转为纵比，自己的发展与自己的过去比；二是从比高线转为比标准，即不是以全班或年级的最高成绩来比，而是与学科课程的标准比，学生的发展有多大是看学生的进步幅度有多大；三是从比考试成绩转为比整体素质，即不是片面看主要学科的考试成绩，而是看学生综合素质的发展。学校自编并使用了《北京小学学生发展性评价手册》，实施学生发展性评价。

分析：

北京小学从实际出发，通过课程、课堂、课时、作业、评价五个方面的改革创新，提高教师课堂教学和学生在校学习的效率，实现了减轻负担与提高质量的统一。得到了学生和家长的认可，并为每个学生创造了个性化发展的机会，形成了一种良好的教育生态。

29. 建立听课与评课制度，深入课堂听课并对课堂教学进行指导，每学期听课不少于地方教育行政部门规定的课时数量。

【要点解读】

听课与评课是校长教学领导力的重要体现。苏联教育家苏霍姆林斯基曾经说过：经验使我深信，听课和分析课——这是校长最重要的工作。

同时，教师听课与评课是其专业获得发展的重要途径，因此，无论是提升干部的教学领导力还是促进教师的专业发展水平，校长在领导课程教学中应该建立完善的听课与评课制度，使听课与评课工作常态化、制度化。

学校的听课与评课制度应该包括以下几块内容。

(1)规定干部教师听课、评课的基本要求。如北京市海淀区教委要求每学期校长至少听20节课，有些学校要求干部至少听30节课，老师至少听20节课(有些学校还按不同学科对教师提出不同要求)，听课时做好听课记录等。

(2)建立学校课堂教学评价标准，形成学校教学理念(或文化)。学校的课堂教学评价标准是一所学校对什么样的课是一节好课，什么样的课是不好的课的具体要求。这既是学校干部教师课堂听课、评课的工具，又是学校教学理念的具体体现。如北京市西城区师范学校附属小学的课堂教学评价标准体现学校"知识对接心灵"的教学理念。

（3）规定干部教师评课的基本要求。如要求干部听完课之后要及时反馈，教师听完课后要及时研讨交流等。

校长不仅要结合学校教学与教师情况建立听课、评课制度，而且本人要以身作则，示范引领，深入课堂听课并对课堂教学进行指导。

校长首先要明晰每次听课的目的，不仅要了解教学的状态，把握教学质量；还要了解教师的状态，指导其专业发展；更要了解学生的状态，掌握教育的方向。同时还要清楚地知道学校发展的重点在哪，因此，校长的评课不能简单地等同于教研员和学科组长的听、评课，还需要了解学校的空间状态，思考管理细节，关注文化建设状态，看学校办学理念是否在课堂层面得到落实，同时在发现学校课程教学工作中的问题上建立教研培训制度，从问题出发实施教学改进或教学改革。

同时校长要重视评课的作用，不是简单地为了显示自己水平高而评课，而是在于深入的指导，一是指导任课教师具体的教学改进；二是指导教师及干部的听、评课水平，形成学校良好的听、评课氛围，直至成为一种教研文化；三是指导学校改进教师培养举措。

【履职建议】

（1）校长要修炼自己的教学素养，成为具有较为丰富教学理念的专家。

校长要学习教育学、心理学、教育社会学、教育未来学、教育经济学和教育哲学等教育理论。只有这样，校长在处理学校工作，指导教师工作和商讨教学问题时，才能有自己的"话语权"，才能在学校产生影响。

（2）校长听、评课要有规划，明晰听课的类型和听课目的，提高听课效率。

北京小学李明新校长总结自己的听课经验，认为：听随堂课的目的是看教学常规、思想、改革诊断；听跟踪课的目的是研究班级或教师的问题原因；听研究课的目的是探讨专门问题；听评优课的目的是发现亮点和优势；听观摩课的目的是挖掘典型，学习推广。

（3）校长评课要把握好科学性和艺术性。

听课与评课是一项专业性极强的活动，既是与教师研究教学问题的过程，又是实施教学管理的过程，更是一种特殊的干群之间的交往过程。在评课反馈时，校长要注意从教师特点出发，根据年龄、经验的不同，性格、态度的不同，心态、觉悟的不同来选择反馈策略，注意激发教师积极性。

例如：北京小学李明新校长评课有"六大法宝"，很好地处理了科学性与艺术性的关系，形成自己独特的评课风格。

表3-2　北京小学李明新校长评课的"六大法宝"

1. 紧扣目标	(1)评目标；(2)评思路；(3)评方法；(4)评效果。
2. 重视互动	(1)尊重人格，平等交流；(2)探讨问题，思维碰撞；(3)顺教而论，求同存异；(4)学术争论，以理服人。
3. 重于激励	(1)优点说足，问题说准；(2)鼓励创新，允许不足；(3)表扬即时，延迟批评；(4)虚心求教，见贤思齐。
4. 理性分析	(1)具体的理性认识；(2)深刻的理论剖析；(3)先进的理念阐释。
5. 重在建设	(1)理论上给引领；(2)方法上给建议；(3)备课上给启迪；(4)认识上给提升。
6. 突出重点	(1)围绕听课目的评；(2)围绕主要问题评；(3)围绕研究目标评；(4)围绕教学重点评。

（4）建立学校听、评课的制度，引领学校听、评课良好的氛围，形成开放民主的听、评课文化。

以往，学校在制定课堂教学评价标准时更多的是教学领导干部的事，教师缺少参与的权利。校长要通过全体教师共同研讨制定课堂教学评价标准的过程统一教师思想观念，改变教师行为。过去全校所有学科都用同一份课堂评价标准，忽略了学科的特点及授课教师在课程中的风格等因素，有条件的学校校长应该尽可能地带领全体教师，也可以借助"外脑"制定出学校不同学科的课堂教学评价标准。

同时，在校长以身示范的听、评课指导中，引领教师民主平等的听、评课氛围，形成积极反馈促提升的听、评课文化。

【示例分析】

案例 3-9：清华附小窦桂梅校长的听课与评课①

清华附小窦桂梅校长每学期要深入课堂听大量的课，指导教师的课堂教学，并有自己独特的听、评课经验，在她的个人博客中有这样一篇日志《听课、评课、写课，教学引领者必需的生活》，讲述了她听课评课的"门道"，她的经验主要有：

(1)听课不应仅仅停留在了解情况的层面上，必须带有一定的目的和意义。校长每学期的工作计划中，对于本学期的听课计划应当是心中有数的，听哪些学科的课？听哪些老师的课？

(2)校长通过听课关注教师队伍的建设问题。可以从教师们的年龄上，将教师划分为老、中、青三代，针对不同年纪的教师听课听什么。我们还可以从教师的教育背景上将教师划分为：受过本专业教育的教师、未受过本专业教育的教师，针对存在这样差异的老师听课听什么同样值得考虑，再从教师成长的角度出发，对新教师而言，"听"其是否入门，"听"其重难点是否得以突破；听有研究能力的教师的课，就要看其对教材的创造性处理等。

(3)改变"听"的方式，让一个人的静悄悄的"听"，变成与上课者的心灵共鸣，引起更多的"耳朵"的听，带动教师们一起听评课。

(4)建立一种思维方式，站在被评课人的角度想问题，想清楚你要评课的这位教师身上最需要的是什么，你评的重点是什么。其次，在评课中要拿出自己的"绝活"。评课不能仅仅停留在用"耳"听、用"笔"记、用"嘴"说的流程中，它应该是专业上的引领与带动。让教师感觉到你的确有水平，既能有一双慧眼发现该教师教学的亮点，又能锐利指出其存在的缺点，并能够准确地解剖盲点。

(5)必须谋求更多的教师们参与你的评课，这个时候你是评课的首席，也是重要的主持人——把评课当作合作多赢的平台。

分析：

清华附小在窦桂梅校长带领下建立了完善的听课与评课制度，语文学科

---

① 本案例改编自窦桂梅：《听课、评课、写课，教学引领者必需的生活》，窦桂梅博客(http://douguimei.blog.zhyww.cn/archives/2010/201031810258.html)。

课堂教学评价标准特色鲜明，对校长如何制定学科课堂教学评价标准很有启发。

窦校长本人是有着先进教育理念的教学高手，更可贵的是她在丰富教学经验的基础建立起自己独特的听、评课的做法对其他校长们有较好的启示作用。她对每学期的听课计划心中有数，对教师课堂指导作用大，更重要的是通过她的听、评课调动所有教师带着问题走进课堂听课，把听、评课变为一次深刻有效的教研活动，引领了教师民主平等的听、评课氛围，形成了积极反馈促提升的听、评课文化。

30. 积极组织开展教研活动和教学改革，建立完善促进学生全面发展的教育教学评价制度，不片面追求学生考试成绩和升学率。

【要点解读】

校长在领导课程教学时，要积极组织开展教研活动和教学改革，提升学校教育教学质量。如何开展教学改革的解读详见第23条，为避免和第37条如何开展教研活动内容重复，本条重点阐述"建立完善促进学生全面发展的教育教学评价制度"。

在学校教育中，教育教学是一切工作的中心，教育教学质量是学校全面质量管理的关键，而评价是帮助学校实现质量改进目标不可或缺的工具。学校通过对于评价什么、由谁来评价、以什么标准来评价以及如何运用评价结果等重要因素的选择，制定评价制度来影响教师的思想和行动。

建立完善促进学生全面发展的教育教学评价制度，不片面追求学生考试成绩和升学率，是教育部在《基础教育课程改革纲要（试行）》中确立的"为了每一个学生的发展"的理念指导下学校评价的基本精神，从原有的过分关注"甄别与选拔"功能的教育评价体系转向为"关注学生全面发展"的教育评价体系。这里的评价不仅关注学生的学业成绩，更要重视学生多方面潜能的发挥，以培养学生创新能力和实践能力，了解学生发展过程中的合理需求，帮助学生认识自我，建立自信，从而发挥评价的教育功能，促进学生在原有水平上有所发展。

因此，校长在学校管理过程中要形成不以简单的行政手段，不以单一的学生成绩、升学率来评价教师工作的作风，让教师成为学校评价的设计者，转变教师观念，真正树立起"以学生为主体""一切为了孩子的成长"的教育观念，因为教师是教育工作的实施者，他们的素质与表现直接决定了学校教育教学的质量和学校的发展。

【履职建议】

(1)提升对建立评价制度目的的认识，制定完整的学校教育教学评价制度，突出以人为本。

改变传统的学校教育教学评价主要是为了鉴定考核教师的工作，甄别选拔学生的做法，校长要清楚地意识到现代教育评价的目的是促进人的发展，在学校中要建立发展性教育评价制度，以促进教师学生为目的，发挥评价的教育功能，促进他们在原有水平上的发展。

(2)明确学校教育教学评价的主体，建立健全评价机构，合理设计和完善评价内容。

校长要尊重教师学生在教育教学评价中的主体地位，发挥他们的积极性，让他们成为评价的主人，通过健全评价机构，合理设计评价内容，以评价为导向，促进教师学生全面主动的发展。

(3)创新评价方式方法，改善评价效果。

过去传统的评价主要以考试测验为主要的手段方法，导致教师学生为了分数，过分追求结果而忽略学习过程，不利于学生身心素质的全面发展，校长要带领全体教师努力寻找各种有效的评价学生的方法，主张多种方法融合，形成多元开放综合的评价方法体系。

【示例分析】

案例 3-10：广东省珠海市拱北小学积极开展
促进学生全面发展的评价改革①

从 2001 年开始，拱北小学在素质教育的理念影响下，学校就如何保障学生全面发展积极开展评价研究，为了走出传统的教师考核评价过分追求学生成绩的旧框框，将教师工作指向改进与提高，关注学生全面发展。拱北小学

---

① 本案例改编自严红：《促进学生成长和教师发展的评价改革》，天津：天津教育出版社 2004 年版。

建立了以教师自评为主，学生、领导、同事和家长共同参与的多元教师评价体系，"自我认同""学生喜欢""领导信赖""同行佩服""家长满意"成为拱北小学教师评价的新标准，设计了"心桥卡"，加强学生、教师、校长之间的思想交流，设计教师团队评价，克服传统教师评价中个人主义倾向，促进团队合作与成长等方法。

在学生评价方面，制定了"星级学生评价体系"引导学生全面发展。在学生评价中取消了"三好学生"评价体系，提出学生"五星级评价"体系，采用星级评比的方法将德、智、体、美、劳和涉及学生兴趣、特长等诸多方面的才能和才艺用 20 多个单项评价指标取代了较为笼统的"三好学生"评价。其中，五星级为最高级，从一星级开始申报，成绩突出的学生可以越级申报。有三项以上突出表现的学生可以申报"全面发展好少年"。为此，学校开发了"学生成长评价"课程，实行学生自我评价与多主体(同学、教师、家长)评价相结合的学生评价方式，评上的称之以"××大王""××之星"等头衔。

学校此项学生成长评价改革获得广东省教育创新成果奖。

分析：

广东省珠海市拱北小学的评价改革关注了人的发展，教师和学生在评价制度的引领下走出传统评价的弊端，使评价目标多维、评价主体多元，创新评价方法，发挥评价的激励作用，达到很好的效果。"星级学生评价体系"注重学生的身心健康和全面发展，重视个体差异和潜力，用多把尺子衡量学生，提升了学生的自信心，使每个学生个体在评价中获得发展。

第四章　引领教师成长[①]

　　校长是教师专业发展的第一责任人。校长应该在学校管理实践中，把教师作为学校改革与发展的最重要的人力资源，尊重教师专业发展规律，掌握教师专业发展的理论与方法，建立健全学校的体制与机制，通过各种策略与具体方式，激发教师发展的内在动力，推动教师的专业发展。

一、专业理解与认识

31. 教师是学校改革发展最宝贵的人力资源，尊重、信任、团结和赏识每一位教师。

【要点解读】

　　人力资源（Human Resources，HR），是指一定时期内组织中的人所拥有的能够被组织所用，且对价值创造起到贡献作用的教育、能力、技能、经验、体力等的总称。

　　当我们徜徉在一所名校之中时，常常为优雅宁静的校园环境、富有历史感的校园建筑、现代化的教学设施、科学化的学校管理等所折服。这些都是学校发展不可或缺的资源，积极地影响着学校的教育品质。但是，这些资源

---

　　① 本章由石英德撰写第 31、32、33 条目，刘继玲撰写第 34、40 条目，王淑娟撰写第 35、36 条目，王晓玲撰写第 37、38、39 条目。

的教育作用的发挥都离不开一个关键因素——人。正如梅贻琦先生所言，"所谓大学者，非有大楼之谓也，有大师之谓也"。大学如此，中小学也概莫能外。

人力资源是学校发展的最重要资源。教师作为现代学校发展中最重要最活跃的人力资源，其智力、体力和情感的充分发掘与使用，可以为学校发展提供最有力的人力支持。因此，作为校长，必须深刻地认识到，教师是学校最重要的人力资源，是最宝贵的财富，教师专业成长是学校实现优质教育的基本前提和必由之路。北京十一学校李希贵校长在《学生第二》一书中说，对于一位校长或教育管理者来说，关注学生首先应该从关注教师开始。校长要尊重、信任、团结与赏识每一位教师，尊重教师的自由、情感、需求、信仰和个性，信任教师的自觉性、自尊心、责任感、业务能力和道德良知，理解教师的疾苦、忧乐，以欣赏的心态看待每一位教师的工作业绩与特长。

【履职建议】

要想真正发挥教师的人力资源作用，校长必须做到尊重、信任、团结与赏识每一位教师。尊重是前提，信任是基础，团结是核心，赏识是动力。

（1）校长要树立正确的教师观。

校长的教师观不仅体现校长的管理理念，也反映校长运用教师资源的价值取向。校长作为学校工作的组织者和领导者，要正确认识和看待全体教师，要对全体教师做出公正的评价，才能使全校教师同心同德、齐心协力。

在学校管理中，校长应该树立"教师是学校管理的合作者、学校改革的中坚力量、学校发展的主体"的观念，校长将教师纳入学校组织管理系统中，使之成为管理的一员，而不仅仅是被管理者。这种教师观表现为：校长注重激发全体教师的主人翁意识，积极创造条件让老师们参与学校管理决策；校长视教师为管理系统中的重要因素，充分利用教师的管理智慧，注重赋予教师以管理权利；校长与教师利益共享，责任共担；校长注重与教师一起建立组织共同体、学习与发展的共同体，校长与教师之间是合作关系、伙伴关系。

（2）校长要换位思考，理解教师。

理解人是对人的最大尊重，最有利于调动人的积极性。对于校长来说，换位思考就是要从教师的立场和角度来看待其所承担的教育工作和教学任务，努力做到用人所长，而不强人所难，不求全责备。同时，多看教师的长处，多想教师的难处，在教师取得成绩时给予充分肯定和赞美，在教师工作和生活中遇到困难时，要给予及时帮助和鼓励。这样才能最大限度地增加理解、体现尊重、增进感情，最大限度地调动教师教书育人的积极性、主动性和创造性。

（3）校长要平等对待，尊重教师。

平等对待教师是尊重教师的基础与前提。校长与教师只有职务和分工的不同，而无高低贵贱之分。校长要尊重教师的个性、尊重教师的劳动、尊重教师的人格。只有在坚持平等的基础上处理与教师的关系，校长才能真正赢得教师的尊重，从而有效地实施管理。反之，如果校长对待教师颐指气使、粗暴僵硬，不尊重教师，就会使教师感到无所适从，不利于学校健康发展。

（4）校长要善于发现，赏识教师。

美国心理学家威廉·詹姆斯说，人性最深刻的需要就是希望别人对自己加以赏识。赏识就是认识到别人的才能或价值而予以重视、肯定和赞扬。学校教育中，不仅孩子们需要赏识，而且老师也需要赏识，尤其是那些能力平平，成绩一般的教师更渴望得到领导的赏识和激励。得到赞赏越多的教师越优秀，而从来不被重视也不被赏识的教师则越来越平庸。那些被赞赏的教师，有信心有动力，心里想的是如何把工作搞得更好，对得住领导，不给赏识自己的领导脸上抹黑。因此，校长要善于发现每位教师身上的长处与闪光点，适时地对教师的工作予以赏识，能起到"催化剂"的作用，激发教师的工作热情和积极性。

（5）校长要自我修炼，团结教师。

团结就是凝聚人心、凝练队伍、凝结智慧，充分挖掘人的潜力与发挥人的才能。校长在学校管理中必须以身作则，通过自身能力与素养的提高来团结与带领全校教师共同奋斗。为此，校长必须深入教学一线，了解教学、研究教学，保持对教学的热情和关注；校长要把自己当作普通教师中的一员，不仅走到教师身边，而且走进教师的心中，诚心诚意地做教师的朋友；校长要充满朝气、精力充沛，具有现代气息，让教师充满期待和希望；校长要经常反思自己、勇于解剖自己，不断给自己照镜子，也渴望别人给自己挑毛病、找问题；校长要怀有梦想，不仅让教师对现在充满自豪，也对未来充满信心。

【示例分析】

案例 4-1：杭州市拱宸桥小学王崧舟校长的用人之道①

作为特级教师出身的王崧舟校长在总结自己 20 多年的管理经验时说，学校管理的成功，第一是教师，第二是教师，第三还是教师。只要教师好了，学生就好了，学校自然也好了。他的管理哲学就是教师成功是校长最大的成功。对校长而言，成全教师就是成全自己。

王校长有个故事是这样的，用学校政教处主任张斌的话说：校长总是在选人上费尽心机，为了寻得某一岗位的最佳人选，他或是"三顾茅庐"似的追踪寻找，或是"蓦然回首"般地洞察人心。就拿我自己来说吧，校长来的那年，我还只是一名普通的高年级班主任。在一年多的接触中，王校长发现我在班级管理、学生综合素质的培养上有一些可圈可点之处，便在一年后的期末时找我谈话，希望我担任学校新设的政教处主任一职。我当时是既兴奋又有些害怕，担心自己做不好，但望着校长真诚而充满信任的目光，我没有理由拒绝。在以后的几年里，我认真领会校长提出的"新成功教育"办学思想，努力工作，大胆开拓，使学校的德育、艺术教育等各项工作逐步形成特色并走在了全区的前列。我自己也入了党，先后被评为区优秀德育工作者、市首届德育高研班的优秀学员……我深知，这一切，都与校长的赏识、培养分不开。

分析：

张斌的成长与政教处主任的岗位密不可分，更离不开王崧舟校长的信任与赏识。王校长通过平日里的细心观察，发现了张老师在班级管理与学生德育工作的经验与智慧，予以信任并委以重任，最大限度地挖掘并发挥了张老师的聪明才智，在成就老师的同时也成就了学校。

从某种程度上说，管理学就是人性学，管理之道就是人性之道。人性中，都有一种来自心灵深处的精神渴求，那就是渴望被尊重、被赏识，渴望获得"自己就是重要的人"的体验。因此，在学校管理中，校长要有识才的慧眼、用才的胆识，要善于深入分析教职工的优势与潜质，并将其放到合适的岗位上，委以重任，把教师的优点与学校工作的需要进行最佳配置，才能最大限

---

① 王崧舟：《成全教师，学校管理的人本回归》，载《中小学管理》，2008 年第 10 期。

度地发挥人力资源的作用，推动各项工作的持续发展。

32. 校长是教师专业发展的第一责任人，将学校作为教师实现专业发展的主阵地。

【要点解读】

学校是师生共同成长的地方，是教师成长的主要场所。虽然说教师专业发展本质上是教师自身的事情，需要其内在努力，积极上进，但是教师的专业成长与发展也需要外在支持，需要一个良好的环境氛围。

校长在学校中的地位和作用决定了校长是引领、指导与保障教师专业发展的第一责任人。首先，教师是学校中最重要的人力资源，是实现学校发展目标的支柱力量。作为学校领导者的校长应该有意识地协调教师专业发展与学校发展之间的关系，把教师专业发展目标与学校发展目标相结合，使教师专业发展符合并服务于学校发展。其次，教师专业发展需要学校提供组织保障。作为学校管理者的校长应该科学地规划本校的教师专业发展，制订切实可行的教师发展计划并付诸实施，为教师成长创造良好的组织环境，以保证不同类型教师专业发展合理有序进行。再次，教师专业发展需要校长引领。作为学校教育者的校长，是"教师的教师""平等中的首席"，应该充分发挥榜样示范作用，依靠自身的人格魅力、先进的教育思想、卓越的专业素养等，引领教师们在专业化道路上不断发展。

学校是教师成为专业人员最重要的场所，是教师专业发展的出发点和终结点。课堂教学是学校教育教学的主阵地，教师的专业成长主要也是靠课堂教学实践来实现的。实践是教师专业发展的基础和生命。教师的发展应当是在丰富的教育实践中进行，与学校日常生活联系在一起，与自身教学联系在一起，与生动活泼的学生发展联系在一起。校长要充分认识学校实践生活，尤其是课堂教学以及教研活动对教师专业发展的特殊意义。学校应该以日常教育活动和课堂教学活动为载体，建立适合教师专业发展的教研模式，加强引导、规范和激励，把教师的专业发展植根于教育教学实践的沃土中，引导教师有意识地自觉地将教育理论与教育实践、教育知识与教育能力、教育经验与教育智慧相结合，推动自身专业化发展。

【履职建议】

教师成为自身专业发展的主体，要求学校成为教师专业发展的主环境，校长成为教师专业发展的第一责任人。校长履行这一责任，一方面要充分发挥自身能力，指导和引领教师的专业发展，另一方面要充分利用学校组织资源优势，支持和保障教师的专业发展。

(1)校长要发挥自身能力，引导教师的专业发展。

在教师专业发展过程中，校长要根据学校发展目标，全面分析教师队伍状况，科学合理地引领与指导每一位教师做好职业生涯规划，明确各自专业发展的阶段性目标与努力方向，激发教师专业发展的内在动力。

(2)校长要运用组织资源，支持教师的专业发展。

教师专业发展离不开其赖以生存与发展的学校环境的支持，校长要扮演教师专业发展的支持者。校长要结合学校与教师的实际情况，给教师专业发展创造机会、保障时间、提供资源、搭建平台，打造教师发展团队，为教师专业发展提供充分的组织保障。

(3)校长要营造合作文化，助力教师的专业发展。

在教师专业发展中，校长要善于打造教师团队，营造合作型教师文化，充分利用群体的力量，影响与引领教师个体，推动教师专业发展。通过同伴互助，使教师之间密切合作、共享经验与智慧。建构合作型教师文化，营造一种和谐的人际关系与人文环境，缓解与减少教师工作压力，有助于教师之间的对话与沟通，有利于教师发展资源的开发与共享，有助于提高教师的专业素质。这种合作文化的形成不是自发的，需要校长不断地倡导与引领，需要学校管理体制与机制的推动与保障。

(4)校长要关注学校实践，实现教师的专业发展。

实现教师专业发展的途径应该是教育教学实践，教育教学实践的主阵地应当在课堂。校长应该把引领教师专业发展的"指挥所"前置到课堂和教研组等学校工作的第一线上，深入到学校教育教学的核心中并实实在在解决一些教育问题，与教师们一起在解决教育、教学的实际问题中成长。校长要以教师的身份平等地参与教育教学研究活动；要经常与教师交流，与教师一起研究教材，探讨教法；引导教师不断在"研"字上下功夫，共同组织专题的学习和议论，商讨进一步提高和改进的方法。

【示例分析】

案例 4-2：以教育思想促进教师主动发展[①]

北京市实验二小从 1999 年年底开始，在坚持"双主体育人"思路的前提下，在教师团队中、在学校管理中不断构建学习型组织，以加强教师队伍建设，促进教师主动发展和素质提升。

学校非常重视团队建设，鼓励教师之间互助、合作和共享，形成相互激励、相互帮助和共同提高的积极依赖的团队关系。学校自 1997 年起设立了"和谐团队奖"，强调团队整体的和谐与工作的最佳绩效，从制度上鼓励教师之间建立这种积极依赖的团队关系。

学校提倡"在工作中学习，在学习中工作"，引导大家结合教育教学中的实际问题开展有效的学习。在指导教师如何开展学习时，学校主要做到了"五个坚持"，即：坚持结合改革过程学习；坚持结合大家的热点话题学习；坚持结合教育教学实践案例学习；坚持结合出现的问题学习；坚持同事间相互交流学习。与此同时，学校将学习网络的构建作为学校建设的头等大事，形成了包括"学校——教研组——个人"三级的学习网络。

分析：

李烈校长在引领教师队伍建设、促进教师专业发展中，有以下几点值得学习：首先，以先进的办学思想为引领。李校长以"双主体育人"的先进教育理念为指导，通过学习型组织建设，引领教师将自身的专业发展与学校办学目标的实现有机结合。其次，以和谐的团队建设为支撑。教师们在相互帮助、相互借鉴、共同分享中，不仅形成了团结协作的组织氛围与发展环境，而且改善了心智模式，实现了自我超越与发展。再次，以丰富的教育实践为原点。实验二小的教师专业发展不脱离教育、学校与教师的实际，有很强的现场感，是真实的、有针对性的，能够触及教师专业发展的"痛处"，实现了教师学习、工作与发展的三位一体。

[①] 李烈：《建设学习型组织 促进教师主动发展》，载《中国教育报》，2004 年 1 月 6 日第 6 版。

33. 尊重教师专业发展的规律，激发教师发展的内在动力。

【要点解读】

在学校管理中，校长要深刻认识与把握教师专业发展的规律，通过各种途径激发教师发展的内在动力，实现教师的自主发展。

(1)教师专业发展的持续性。

教师专业发展是贯穿教师职业生涯始终的，是一个连续不断的过程，只有起点没有终点。教师要顺应教育教学改革的趋势与需要，不断地转变自己的教育观、教学观、知识观、学生观和学习观，不断地转变自己的角色态度与行为方式，提升职业信念，提高专业素养与专业能力。

(2)教师专业发展的阶段性。

教师专业发展可以分为不同的阶段，每一个阶段的发展内容、发展重点、发展策略与途径都各有不同。每个阶段之间的转换与递进并不是自然而然完成的，而是需要教师准确把握每个阶段专业化的内涵、要求与特点，通过不断的学习与探究来拓展其专业内涵，减少工作中的无力感和倦怠感，保持专业持续成长。

(3)教师专业发展的实践性。

中小学教师作为实践工作者，其专业生活是教育教学实践，其专业发展是基于教育教学实践。教师在长期实践中形成了一套有别于教育理论工作者的语言形式和行为规范。教师专业发展应该顺应在其自身的话语系统内的自主反思，从而理解自己与学生、理解课程与教学、认识自身的教学行为，提升教育教学能力与水平。

(4)教师专业发展的自主性。

从本质上来说，教师的专业发展应该是自主的发展。自主的发展，意味着教师要有发展的内在动力，这种内在动力来自于教师自己的人生目标；自主的发展，还意味着和别人的发展是不完全相同的，是根据自己的实际提出的，是具有个性的发展。

(5)教师专业发展是内外力量互动的结果。

教师专业发展的动力有内外之分，内在动力即来自教师自身的本能性的内驱力，而外在动力即来自学校、家庭、社会（教育制度）等非教师自身的社会作用的动力。内在动力是教师的专业发展之本，外在动力也是教师专业发展不可或缺的力量，两者之间只有形成良性互动，才能促使教师不断发展。

【履职建议】

（1）校长要认真学习教师专业发展理论，用以指导工作。

校长引领教师专业发展，必须尊重教师专业发展的规律；而要遵循教师专业发展的规律，校长必须了解教师专业发展理论，熟悉教师专业发展的特点、阶段、内容、途径、动力机制等。

教师发展是一个漫长的、动态的、纵贯整个职业生涯的历程，其间既有高潮也有低谷。通过对教师发展阶段的了解，校长可以积极地回应教师专业发展过程中的变化与需求；依据教师的不同发展阶段，对教师的发展适时提供有的放矢的协助，激发教师的工作热忱与创意，使其走过多姿多彩而又美好完满的教师生涯。

（2）校长要结合教师实践需求，促进专业自主发展。

只有真正激发教师内在的主动性，才能促进其专业发展。为此，第一，校长要尊重一线教师的实践性知识，把它同样视为"有价值的知识"，激发教师的专业自信与热情，让教师看到自我发展的前景；第二，校长要确立教师在专业发展中的主体地位。自主性是教师专业发展的基本特性之一。校长应与教师一起，从不同的视角对教育实践中的问题进行剖析，帮助教师更加清楚地认识自己教学实践问题的本质，更加全面地认识自己的局限和不足，促进他们深入反思自己的实践，进而形成和发展自己的实践性知识；第三，校长引导教师开展行动研究。在行动研究中，教师是研究的主体。教师通过行动研究对自己的工作认识能更加深刻，从而进一步提升自己的专业修养与专业能力。

（3）校长要建立激励机制，形成教师发展的内外合力。

在教师管理中，校长要运用不同的激励方法，并结合学校与教师们的具体情况，创造条件以激发教师，调动他们的积极性和创造性，实现学校发展与教师自身发展的统一。第一，应根据激励对象的特点，合理地运用内部激励和外部激励；第二，精神激励和物质激励有机结合，满足教师的不同需要；第三，对教师个人的激励与教师群体的激励相结合。

【示例分析】

案例 4-3：深圳宝安中学激发教师的"招数"①

2001 年，时任深圳市宝安区教育局教研室主任的彭锻华被调到宝安中学当校长。为了激发教师的成就动机，打造团队精神，彭锻华想了很多"招数"。他创设各种舞台进行榜样激励。在宝安中学，每年每学期都有各种评选、评比活动，如"宝中名师（首席教师）""师德标兵""课堂教学最富魅力的教师""作业批改最认真的老师""辅导最认真的老师"等。有意思的是，宝中特别注重设立团队奖。用彭校长的话说，这叫"捆绑评价"，其良苦用心正是为了打造出宝中教师的团队精神。"考核的时候，我们主要是考核整个团体、备课组、班级的情况，是捆绑式的评价，这样避免了教师之间的恶性竞争，整个团体就会有一种内在的需求，形成一种自然合作的文化。"彭校长如是说。

分析：

彭校长在激励教师专业发展上，深刻认识到学校与教师的特点，通过各种举措，激发教师的内在动力。首先，注重内部激励。学校通过设置丰富多样的荣誉称号，积极评价教师们在教育教学中的突出表现，注重塑造教师的灵魂，激发他们成才、成名、成功的专业发展的内在动力；其次，注重群体激励，打造教师团队。通过"捆绑评价"，引导教师逐步认识到团队的重要性，营造了一个互帮互助、团结协作、和谐相处的良好环境。教师置身于这种工作环境中，会感到一种群体给予的强大支持与动力，全身心地投入工作，注重自身素质和专业水平的提高，从而促进了教师队伍整体素质的改善。

二、专业知识与方法

34. 把握教师职业素养要求，明确教师的权利与义务。

【要点解读】

校长的主要职责之一就是引领教师专业成长，校长首先要把握教师职业

---

① 《大悟悟教——访深圳市宝安中学校长彭锻华》，中广教育（http://edu.cnr.cn/gdxunli/xz/201005/t20100521_506463665.html），2010 年 5 月 21 日。

素养要求，明确教师权利与义务。

1994 年《中华人民共和国教师法》第一次从法律上确立了我国教师地位的专业性和神圣性。第三条规定："教师是履行教育教学职责的专业人员，承担教书育人，培养社会主义事业建设者和接班人、提高民族素质的使命。教师应当忠诚于人民的教育事业。"本法条可以视为是对教师职业素养的基本要求。从法条中可见：其一，教师是专业人员。其二，教师必须"履行教育教学职责"，这是教师的职业特征。

2012 年颁布的《中学教师专业标准（试行）》和《小学教师专业标准（试行）》包括专业理念与师德、专业知识和专业能力三个维度，分别从 14 个领域、63 个具体点和 13 个领域、60 个具体点对教师的专业标准提出了基本要求。从上述教师专业标准可见，教师必须贯彻师德为先、学生为本、能力为重、终身学习的理念，致力于学生的全面发展。

教师的权利是指教师在教育活动中享有的由教育法律法规赋予的权利，是国家对教师在教育活动中可以做出或不做出一定行为的许可与保障。教师的义务是指教师在相应的社会关系中应该进行的价值付出，法律对教师必须做出或禁止做出一定行为的约束。

《中华人民共和国教师法》主要规定了教师的六项权利和六项义务。教师的六项权利包括：（1）教育教学权——教师有权进行教育教学活动，开展教育改革和实验。（2）科学研究权——教师享有从事科学研究、学术交流、参加专业的学术团体，在学术活动中发表意见的权利。（3）管理学生权——教师有权指导学生的学习和发展，评定学生的品行和学业成绩。（4）获取报酬待遇权——教师享有按时获取工资报酬，享受国家规定的福利待遇以及寒暑假期的带薪休假的权利。（5）民主管理权——教师有权对学校教育教学、管理工作和教育行政部门的工作提出意见和建议，通过教职工代表大会或者其他形式，参与学校管理的民主权利。（6）进修培训权——教师有参加进修或者其他方式培训的权利。

教师的六项义务包括：（1）遵守宪法、法律和职业道德，为人师表。（2）贯彻国家的教育方针，遵守规章制度，执行学校的教学计划、履行教师聘约、完成教育教学工作任务。（3）对学生进行宪法所确定的基本原则的教育和爱国主义、民族团结教育、法制教育以及思想品德、文化、科学技术教育，组织、带领学生开展有益的社会活动。（4）关心、爱护全体学生，尊重学生人格，促进学生在品德、智力、体质等方面全面发展。(5)制止有害于学生的行为或者其他侵犯学生合法权利的行为，批评和抵制有害于学生健康成长的现象。(6)不断提高思想政治觉悟和教育教学业务水平。

权利与义务不是独立存在的，作为校长必须明确"没有无权利的义务，也没有无义务的权利"，权利和义务对立统一、相互依赖，是一种对应关系。校长一方面要充分尊重和维护教师的合法权益，另一方面要明确权利可以放弃，义务决不能放弃，引导教师增强从事教育教学工作的责任感和自觉性。

【履职建议】

(1)深入理解教师职业素养和权利义务的内涵。

教师职业素养蕴含了丰富的内涵，教师专业标准的每一条文都值得校长深入解读并结合实际予以思考。实际上，教师专业标准给校长提供了教师专业成长的参照、教师职业发展的参照、教师评价的参照，校长要正确理解和使用教师专业标准，对教师职业素养形成深刻认识，只有这样才能够真正引领教师的专业成长。同时教师的权利义务是法律上对教师具体权益和义务的规定，校长不仅要知晓其内涵还应树立正确的权利义务观。

(2)保护、落实教师的权利。

现实工作生活中，教师也面临着来自学生、社会，甚至学校本身的权益侵害。校长要增强法制观念，一方面懂得运用法律武器，帮助教师维护其合法权益；另一方面，健全学校规章制度，严格执法，杜绝侵害教师合法权益的言论及行为，将教师的合法权益落在实处。

(3)引导教师履行义务，依法执教。

学校对教师要进行依法执教教育，常抓不懈，讲求实效：组织教师学法懂法；提高教师执行法规和辨别违法现象的能力；运用案例警示教师；建立监督途径和机制，有效遏制违法施教行为。

【示例分析】

案例 4-4：充分了解教师，因才派用①

某中学吴老师的教学业务水平高，工作能力强，在学校具有一定的影响

---

① 本案例改编自程凤春：《学校管理的 50 个典型案例》，上海：华东师范大学出版社 2009 年版，第 81 页。

力。学校交给他的工作都能按时保质完成，他不仅在学生中有威信，也深得家长信任。但他总是爱和领导抬杠，发表一些"高见"。学校工作确实难做，有时难免会出一些问题，他就抓住不放，那种傲气实在让人难以接受。

学校进行课改，成立课改实验领导小组，需要一线教学的教师，于是请到了吴老师。吴老师爽快地答应了，同时又提出一个条件："要我参加行，要给我一定的权力，这样我才能调动其他人。"校长考虑后，同意了他的要求，任命他为课改实验领导小组副组长。果然，他不负众望，出色地带领老师们进行课改实验，并取得了一定的成效。

分析：

引领教师成长，校长首先要学会识人，用人，即做到"知人善任"。所谓知人就是要了解人，了解作为一个教师需具备哪些综合素养，每一个教师的特点、特长和风格。知人之后是如何用人，要因才派用，大胆放权，尊重教师的权利。案例中的吴老师具有较高的业务水平和较强的工作能力，但个性孤傲，勇于表达自己的意见，校长应该以一颗包容的心来接受他，发挥他的特长，派给他具有挑战性的职责和任务并大胆放权，促进吴老师进一步成长成熟。当然校长也要对吴老师的工作进行监控和制约，保证吴老师的权力不被滥用，义务与责任得到良好履行，并在工作中帮助吴老师克服自身的一些不足。

35. 掌握教师专业发展的理论以及指导教师开展教育教学实践与研究的方法。

【要点解读】

（1）教师专业发展理论。

教师专业发展理论主要回答教师群体专业素质提升的纵向发展路径及其实现途径，研究涉及教师专业发展阶段划分、内容结构、发展途径及影响因素等。实际上，就是要回答"教师专业发展分为哪些阶段？""发展什么？"以及"如何发展？"这样一些基本问题。

目前，国外关于教师专业发展阶段的研究，尤以傅乐最为知名。他认为，教师不同发展阶段，其关注点有所迁移与变化。教师成熟的历程是经由关注自身、关注教学任务，最后才关注到学生的学习以及自身对学生的影响这样的发展阶段而逐渐递进。我国学者申继亮提出职后教师专业成长可分为学徒期或熟悉教学阶段、成长期或个体经验积累阶段、反思期和学者期等四个阶段，比较符合广大中小学对于教师成长历程的划分。本文采用"新手—熟手—骨干—专家"的阶段划分，详见后文。

很多国家都依据教师专业标准来确定教师专业发展的领域。国外构建"教师专业标准"所依据的理论框架主要有"教师知识"和"胜任力"两种类型。① 英国和美国也都颁布了国家的教师专业标准②。在我国，教育部 2012 年正式颁布了《小学教师专业标准（试行）》和《中学教师专业标准（试行）》，各校可参照此对教师相关素质通过各种校本研训活动逐一加以提升。两个《标准》分别设置了"专业理念与师德""专业知识"和"专业能力"三个维度，前者包括 13 个领域、60 项基本要求，后者包括 14 个领域，63 项基本要求，是对中小学合格教师专业素质的基本要求，是教师实施教育教学行为的基本规范。

关于如何推动学校教师的专业发展，即教师专业发展的路径、模式、方式问题，中外理论界和实践界有过很多探索，如"撰写成长关键事件、教师成

---

① 王强：《国外教师专业标准体系构建的经验与启示》，载《全球教育展望》，2008 年第 7 期。

② 英国"卓越教师专业标准"更多地参照了"实践取向"的教师知识研究，从六方面来评价教师在专业实践中的表现：①卓越的教学结果；②卓越的学科和专业知识；③卓越的备课能力；④卓越的教学、管理学生和维持纪律的能力；⑤卓越的评估和评价能力；⑥为其他教师提供建议和支持的卓越能力。英国的"合格教师专业标准"则是依据教师胜任力模型建立的，从"专业价值和承诺""专业知识与理解""教育教学实践"三方面表述。美国国家专业教学标准所依据的"给成功教师的五条核心建议"及其标准框架，主要参照了"学科取向"的教师知识研究。该标准规定成功教师应能：①基于对学生身心发展的理解，建立良好的师生关系，促进学生学习；②驾驭学科并帮助学生进行学科或跨学科的学习；③选择、改编、创设及使用丰富多样的教学资源；④为学生学习建立一种充满关爱的、令人鼓舞的、全纳的及安全的学习组织与环境；⑤帮助学生发展对重要的、挑战性的概念、话题及事件的理解，从而有目的地提高学生的能力；⑥在多元化的社会中以身作则，尊重学习共同体成员的多元价值，教会学生平等对待并尊重别人；⑦运用多种方法帮助学生建构知识并加强他们对知识的理解；⑧培养学生的自我意识、人格、社会责任感及尊重他人；⑨经常性地、有规律地分析、评价及强化教学实践效果与质量；⑩与家长配合做好孩子的教育工作，实现共同的教育目标；⑪与其他教师合作共同促进学校发展及提升专业实践能力。

为研究者、教师专业发展学校、实践性反思、发展性评价、课程开发、学习型组织建设、生活史叙事"等。在我国中小学，学科定期教研、教案检评、集体备课、随机听课、公开课、研究课、师徒结对、名师讲座、校本培训、教学反思、教学比武、课题研究、专业阅读、撰写随笔等则成为促进教师发展的惯用方式。

(2)教育教学实践与研究方法。

比较适合一线教师使用的教育教学实践与研究方法主要包括调查研究、行动研究、实验研究、个案研究、叙事研究等。行动研究目前是广大中小学比较常用的研究方法，限于篇幅，下面仅对行动研究的定义与流程做一简单介绍。

行动研究是指教育工作者对工作中出现的问题，边研究边行动边调整以谋求问题的解决为目的的一种科学研究方法。重在解决实际问题，研究和行动相结合，情境具有真实性、计划具有发展性、开展过程具有系统性和开放性等，这是行动研究的基本特点。行动研究的先驱勒温提出行动研究应包含"计划—行动—观察—反思"四个基本环节，后来，他进一步把"反思"后"重新计划"作为另一个循环的开始，这就成为行动研究操作的基本架构(如图4-1所示)。

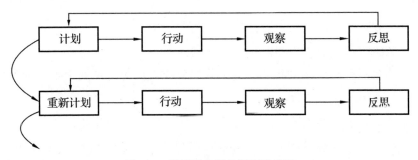

图4-1 行动研究螺旋循环模式图

【履职建议】

(1)指导教师确立符合自己个性特点和优势的职业目标。

教师职业目标可以划分为课堂教学专长、班级管理专长、行政管理专长和课程开发专长四个方面。每个教师可以根据自己的个性特征、兴趣志向、外部环境等确定自己的职业发展目标。校长要鼓励教师在深入的自我反思和诊断的基础上，确定职业目标，个人发展方向确定之后，学校还要创造条件、搭建平台、评价激励教师能沿着自己的发展规划去追求职业目标的实现。

（2）为不同发展阶段的教师定制适恰的研训方式。

学校要深入调研每个发展阶段教师所面临的工作困境和职业困惑，为每个发展群体的教师量身定制适宜的专业发展活动。虽说这类活动大都离不开反思、阅读、研讨、写作、观摩、实践等活动，但是，每个发展阶段侧重点应有所不同。新手教师面临的问题与挑战有缺乏良好的教学效能感和教学监控能力，在教学中存在着较多的无效、低效或无关行为，不能根据教学情境的变化灵活地采取恰当的教学行为。新手教师关注教师自己的生存问题，比如班级管理、熟悉教学内容、学校领导的评价等，更需要备课、上课、作业布置、班级管理等操作性技术的具体指导。基于这些问题，很多学校采用"师徒结对""观摩听课"帮助新教师尽快适应岗位要求。

熟手教师处于教学情境关注阶段，关注各种教学情境或者环境的变化，及其对教师在知识、技能、能力上的要求。学校要为他们更多地创造展示自我的平台，可以通过参加教学骨干评选、教学竞赛选拔、在职进修学习、各级别培训等，促使他们更快地成长。

骨干教师已经进入关注学生的阶段，关注学生的思想、品德、学习和心理需要，注意与学生建立深层次沟通和交往，能够根据学生的实际情况调整教学环节和班级管理方式。他们通常教育教学经验丰富，教学特色比较鲜明；在教育教学中具有引领作用，能够指导青年教师的教育教学工作。应该给这一层次的教师创造更多的机会，进行课题研究、反思、参观学习，发挥示范作用，打造为区域骨干教师。

专家教师已经进入关注理论阶段，总结自己的教学经验，寻找普适性规律。他们有自己的教育理想、鲜明的教学风格和比较系统的教育教学思想；能承担或组织高层次的课题研究。他们通常已成长为省市级学科带头人、特级教师，可以成立名师工作室、举办名师论坛，促使他们静心思考、回顾个人成长历程，总结经验、著书立说，在更大范围内发挥影响作用。

（3）指导教师成为研究者。

教师应注意运用叙事、调查、行动研究等科学研究方法进行教学、德育、课程的改革实验研究，校长应该鼓励这些做法，并给予经费、时间、方法、心理上的支持。这就要求校长应该熟练掌握开展科学研究的流程和主要研究方法，避免单纯地依据经验推进学校的科研工作。

【示例分析】

案例 4-5：上海恒丰中学教师专业成长分层发展策略①

依据我校的战略发展规划，就我校教师专业成长分层发展的运行，我们做了一些探索、尝试。根据教师的从教时间、教学水平、科研能力、研究成果等方面的现有水平按四个层面分层：杏坛新秀、成熟教师、校级名师、首席教师，逐层递进。

对于各个层面的教师我们把握各层特征，运用策略推动分层提高。

第一，分清不同层面教师的基本特征。杏坛新秀指教龄 5 年以内的青年教师，不熟悉教学规律，处在教学适应期。成熟教师已进入发展期，积累了一定的教育教学经验，具备基本的课堂调控、应变能力，教学上逐步形成自身专业特长。校级名师基本形成自身的教学风格，有较高的驾驭课堂能力与教育教学研究能力。首席教师具有一套管理课堂、掌握教学节奏、使师生活动从一个环节自然过渡到下一个环节的熟练技能，对学生需要更敏感。

第二，明确不同层面教师分层发展的目标。杏坛新秀目标是教学水平的提高；成熟教师着重形成自己的教学特色，同时进行教育教学研究；校级名师着力提高科研能力，同时形成独具特色的教学风格，进一步提升学历水平；首席教师加强学术引领、课题引领，发挥、辐射学科及科研专长，向专家教师发展。

第三，制定不同层面教师分层发展的培养策略。

（1）对杏坛新秀层：一是建立新教师带培制。在校骨干教师（或校级名师）与新教师之间建立起"一对一""一对多""多对一"的带培关系，签订带培协议，在日常工作中，根据具体情况和实际需求，通过备课指导、课堂观摩、交流分析、教学对话、反思教学等形式开展带培活动，手拉手扶持新教师立足讲台。二是备课听课。三是教学评比。学校定期组织青年教师开展教学评比、课堂教学展示、教学反思评比、"我的教育理想"讲坛等活动，来促进新教师快速成长。

---

① 本案例改编自陈剑新：《教师队伍建设分层递进的实践与思考》，百度文库（http://wenku.baidu.com/view/52aa6a7201f69e31433294b4.html）。

(2)对成熟教师层：一是采取集体备课制。以各备课组长(基本是校骨干教师、校级名师)领衔，各备课组定期进行两周的集体备课。对每堂课各教学环节进行设计，对教学难点、重点集体进行教学策略的研究，切实提高教师的备课质量，提升教学水平。二是实行听课服务制。开展听课、评课，从教学目标的制定、教材的处理、教学过程的设计、教学方法的选择、教师素养的表现、教学效果的反馈等方面进行课堂诊断。

(3)对校级名师层：一是开展课题研究。以课题作为名师发展的突破口，从而推动校级名师在科研中全面成长、脱颖而出。二是建立名师导师制。学校为每一位寻求专业发展的名师选择、配备教育教学上的专家为导师，并在导师的指导下积极对教育教学实践中需要研究的问题进行探索和研究。三是搭建学历提升平台。学校制定奖励制度，鼓励教师提升学历。

(4)对首席教师层：一是进行专家评谈。学校聘请一些教育教学专家帮助首席教师进行教学回眸，总结建立首席教师教育教学经验，从而提升首席教师的学科引导力。二是建立首席教师精作集。帮助首席教师总结教育教学专业化的文集、习题集，进一步提升首席教师的科研能力。

分析：

上海恒丰中学在摸清教师从教时间、教学水平、科研能力、研究成果情况的基础上，对教师队伍进行合理分层，划分为杏坛新秀、成熟教师、校级名师、首席教师四个发展阶段。在此基础上，确定每阶段教师重点发展方向，据此，为该阶段教师搭建与其目标、需求相适应的教研、科研活动形式，促进教师更快成长，值得借鉴。

36. 掌握学习型组织建设的方法以及激励教师主动发展的策略。

【要点解读】

学习型组织建设能够促进工作和学习的融合，开发生命的价值，改造组织的结构。尤其是学习型组织五项修炼所提出的"自我超越、心智模式的改变"对激励教师主动发展很有启发。

(1)学习型组织。

"自我超越、改善心智模式、建立共同愿景、团队学习和系统思考"是学习型组织的五大基础。该理论启示我们，校长要致力于建设学习型学校，在这样的学校里，教师群体是乐于且善于学习的、学校组织则拒绝墨守成规、处于不断革新与改进之中。"善于不断学习"是学习型组织的本质特征，即学校全体成员在各个管理和教学环节以个体自主和团队探讨的形式进行终身学习，在学习中超越自我、改善心智模式，并能够学有所用，在学校中不断涌现创新的管理举措和多样的教学方式，最终服务于共同发展愿景的实现。

（2）教师激励。

激励就是激发、鼓励，即管理者通过种种手段，引发未有的需要，满足已产生的需求，从而使被管理者的行为朝向期望的方向发展。如何掌握教职员工的需求，满足他们的需求，就成了学校激励机制的关键。教师需要除了具有精神需要的优先性、创造成就需要的强烈性、自尊荣誉需要的关切性和物质需要的丰富性等共同特点之外，还具有教师需要的学校差异性等特征。因此，在教师队伍建设中，管理者务必注意既要研究教师的群体需要，又要关注教师的个别需要，做到因需制宜。

要促进工作的改善和发展，就要促使教师社交需要、尊重需要、自我实现等高层次需要得到满足，让教师体会存在感与成就感，增强其自信心和归属感，这些才能激发他们工作的积极性、主动性，自觉追求工作上的持续进步。为此，校长应该反思学校的激励措施是否只是满足了教师的保健因素需要，而没有满足他们的高层次需要。除了常用的奖金、福利发放等物质激励以外，校长还需要采用民主激励、成就激励、条件支持激励、感情激励、评价激励、榜样激励、目标激励来激发教师的高层次需要。

【履职建议】

如何建设一所学习型学校？没有现成的路可以走，每个学校都需要根据自己的校情、发展目标与定位、文化传统等因素，在诊断现存问题的基础上，探索出富有特色的学习型学校建设之路。有以下几点，值得注意：

（1）建立共同愿景。

必须把个人愿景和学校的当前工作和长远发展统一起来，逐渐形成"我愿中有你，你愿中有我"的共同愿景，从而极大地调动教师的工作积极性，才有可能实现共同愿景。建立了共同愿景的学校将会极大地调动教师的工作积极性，教师将不再满足于对现状的应付，而是立足于学校和个人的长远发展，创造性地开展学习和工作。

（2）更新教师个人知识。

学校需要依托多种形式的个体学习活动来更新教师个人的知识储备，使得学校知识系统之中总会有新信息、新知识源源不断地流入。每个教师都需要形成自己的专业认知，在"反思、阅读、研讨、写作、实践"的基础上形成自我的观点、思考框架直至形成鲜明的教育信念，用内隐化的理论性知识来反思实践、反刍教学。由专业阅读、专业写作与专业实践构成的教师个体学习对于形成一个有研究活力的教研组团队至关重要。

（3）建立相应的评价激励制度，促进知识流动和共享，促使教师主动发展。

可以采取讲座宣讲、领导示范、制度引领的方式逐渐培养教师学会共享精神成果的品质。例如，有些学校将教师影响力作为教师星级评定的重要标准；有的学校将赴国外进修、参加国家级培训的机会奖励给那些研修成果贡献最大化的教师。这样能由一人学习带动多人学习，形成一个研讨、改造、应用的知识管理链条，有利于各层次研修活动成果在课堂的转化。

（4）突破自我、改变惯常思维方式，用行动研究创造新的知识。

校长应该鼓励教师勇于突破自我，实现自我超越，促使教师用行动研究的态度对待教学和班级管理中出现的问题，在阅读中寻找解决方案，在写作中拿出具体措施，并将其付诸实践，以此循环往复。

【示例分析】

案例 4-6：北京市第十一中学持续学习促进教师专业发展①

北京市第十一中学在 2001 年率先提出创建学习型学校的战略构想，他们以学习求发展，以学习促发展，致力于将"自我学习、提升"内化为教师不断成长的动力，积极提供教师发展的良好环境，促进教师的专业发展。该校推进学习型学校建设，促进教师主动发展，主要采取了以下几方面策略：

---

① 果淑兰：《学习型学校建设的实践与思考》，北京市第十一中学网站（http://www.beijing11.com/team.php? action＝content&id＝570&sortid＝56&sid＝39），2014 年 3 月 3 日。

第一，共同愿景的动员和感召工作。在全校开展"我心中的十一中"活动，让全体教职员工思考并表达对学校寄予的希望、情感。校长果淑兰饱含激情的演讲《十一中，你没有理由平庸》，在教师心中产生了共鸣。学校开展的"说出自己的梦想"活动，使教师彼此分享愿景。学校共同愿景和个人愿景的协调、匹配过程，是该校目标认同策略最核心的部分，全校上下确立了"与学校一起快乐奔跑"的发展信念。

第二，学习推动策略。每年学校都把两天专题研讨会作为新学年的开始，促进教师总结反思；开展家庭书架计划，发布导读书目，使教师不断最快地获取教育理念和发展的新信息；定期交流教师成长记录袋，促使教师在比较中找准自己的最佳发展方向。该校还开展了一系列促进教师学习的主题活动，每年九月是教师职业发展月，一年一个主题："专业、专长、品质生活""打造阳光专业高效的学习型教师团队""累积专业智慧，建构学习社群"等丰富多彩的活动，使教师深刻理解了自我超越的意义，体会到团队的力量。

第三，管理优化策略。在组织上，该校建立了导学中心，作为学校学习管理、文化管理和知识管理的协调机构；制度上，实行拼盘式教师评价体系，制定了一系列相关的制度；组织结构上，强调权力下移，服务上升，加强横向联系。第十一中学把行政干部分到全校六个年级，和年级主任共同管理。知识管理上，将办公系统、教学评估系统、闭路电视广播系统、图书馆管理系统进行整合，形成一套网上学习、网上交流、网上管理的互联体系。从而实现"重个人积累，汇集体经验，成共同智慧，筑高起点平台，方便个体工作"，实现教师集体智慧的有效提升。

分析：

北京市第十一中学通过建立共同愿景，推进教师持续学习，进行管理优化三方面策略来建设学习型学校，有效地将学校成员的学习行为转化为学校的创新能力，从而促进学校成员的全面发展与学校自身的不断变革。其本质特征是使学校每个成员活出生命的意义，使整个学校充满生机活力。

三、专业能力与行为

37. 建立健全教师专业发展的制度，推行校本教研，完善教研训一体的机制，落实每位教师五年一周期不少于 360 学时的培训要求。

【要点解读】

师资队伍是学校教育教学工作的核心保障，因此建立健全教师专业发展制度。教师专业发展制度包括国家层面的教师专业标准、教师资格证书制度、教师教育机构认证制度、教师教育课程设置与鉴定制度、教师教育质量评估、教师聘任制度以及教师培训制度。①学校制度层面的教师专业发展制度即教师专业发展管理制度，包括教师的教学管理制度、教研和培训制度、教师专业发展水平核定及教师专业晋级制度等。学校层面的教师专业发展管理制度中最重要的是教学管理、教研和培训制度及其一体化有效运行机制。

学校层面的教研制度即校本教研，校本教研是为了改进学校的教育教学，提高学校的教育教学质量，从学校的实际出发，依托学校自身的资源优势和特色进行的教育教学研究。教师是教研的主体，教学在工作实践中遇到的问题是教研的核心内容，师生共同发展是校本教研的终极目标。可见，校本教研实质是一种学校制度，好的教研制度能够有效地促进教师专业发展，同时能够构建良好的学校组织文化，助推学校教学质量的提升和教育效能的改进。校本教研实施过程是自下而上的自觉发展，重要前提是目标明确，但方法和途径不求统一。

就在岗教师培训而言，教育部非常重视此项工作，2011 年印发的《关于大力加强中小学教师培训工作的意见》明确规定，"在职教师岗位培训：重点是帮助教师更新教育理念，深入钻研业务，学习新知识，掌握新技能，提高教育教学实际能力。每五年累计培训时间不少于 360 学时。"

就教研、教学、培训三者的关系而言，教研内容基于教学实践中的真问

---

① 荀渊、唐玉光：《教师专业发展制度》，北京：教育科学出版社 2011 年版，第 5 页。

题，培训内容则基于教师教研后的专业需求，由此可见，教研、教学、培训三环节联动，构成互为基础的一体化运行机制，其高效运行能够切实促进教师专业发展。

【履职建议】

（1）梳理学校现行制度，完善教师专业发展制度。

作为校长，首先需要科学分析本校教师队伍现状，厘清本校教师队伍的优势和不足，然后制定能够促进整个教师队伍专业发展的规划和管理制度，构建系统且可持续的教师专业发展制度。制度的完善性体现在保障专业引领平台、同伴互助机制和自我反思动力。

（2）整合多元资源，推动校本教研，完善教学研训一体化机制。

校本教研作为教师专业发展的核心路径，第一要确保其与教学（即教师实践需求）的紧密关联性，即教研问题源于教师教学实践的真问题；第二还应该确保其系统性，即教研的内容必须遵照课程教学理论原则、学科教学系统以及学生认知发展阶段性特点；第三要保持持续性，即教研活动应该定期定时开展，确保对教师专业发展需求的持续跟进。

校长还应该整合多元资源，提供教学保障，推进教研深度和广度，提高培训的实效性，这样才能最大化实现教学、教研、培训一体化的实效性。

（3）保障常规工作，实现全员发展，保障教师全员五年一段的360学时。

校长应该重视教育部教师培训相关文件，尽管义务教育学校工作繁杂，人员紧张，工学矛盾比较普遍。校长应该统筹全局，做好人事安排的总体规划，确定教师五年培训计划，有序实施教师全员性五年一段的360学时培训。

【示例分析】

案例 4-7：细化校本教研，强化教师发展[①]

江西省南昌市东湖区育新学校是一所拥有六十多年历史的九年义务教育一贯制学校。该校在教学、教研、培训等方面细化制度规则，强化了教师专业发展。

---

① 《校本教研动态》，南昌市育新学校网站（http://www.ncyuxin.com/），2012 年 11 月 23 日。

(1)加强校本培训，提升教师素质。

※ 继续开展师徒结对工作，做好青年教师的在岗培训。

※ 结合校本教研做好学校青年骨干教师的培训工作。创造机会给他们压任务，让他们挑担子，使他们在工作中得到锻炼，提高能力。

※ 鼓励并督促教师注重理论学习，自觉学习教育教学杂志，认真做好摘抄。

※ 专家引领。一方面提倡教师从专业的名刊和互联网上学习和引进名家教研思想；一方面聘请省、市教研员及有关教育专家指导校本教研，引进他们新的理念和教学思想，指导学校教学工作，促进我校教师的专业发展。

※ 积极开展语文、英语、品德与生活等学科的全员性听课、评课及教学竞赛活动。要求全员参与，从而加强学校内教师间的相互听课。通过教学比赛和听评课活动，营造教研氛围，激励教师钻研业务的积极性。

※ 积极组织教师参加网上教研活动。做到定期分工，每项活动都有专人负责。

※ 做好信息技术培训工作，组织学生完成网上冬令营。

(2)立足校本教研，提高教学质量。

※ 加强教研组团队建设，积极构建学习型教研组。学校统一规定周一下午4：00～5：00为语文、数学学科教研活动时间，周三下午4：00～5：00为英语及综合学科教研活动时间，各教研组要认真制订学期工作计划，明确组内各类学习、培训、研讨、评比的内容。各学科教师都要积极开展教学案例专题化的研究，按计划举行以备课、上课、听课、说课、评课为模式的课改研讨活动，重视平时的资料建设工作，努力使教研活动系列化、专题化。

※ 备课改革。继续改革教师的备课，加强集体备课，要求教师自觉进行教学反思。组织教师进行典型的教学反思、教学案例展示交流活动。

※ 听课评课。本学期继续执行推门听课制度。校长和教导主任听课20节以上，教师听课18节以上，听课教师要及时做好记录和评议，并及时向执教教师反馈评课，以便及时改进，不断提高教学水平。

※ 主题教研。以教学中的问题或困惑为研究内容，确立一个教研主题进行研究，组内每人至少围绕主题选择一单元的内容进行备课，再选择这一单元中的重点内容上公开课，通过说课、听课、评课、教学论坛等多种形式展

开讨论，谈自己的想法、看法，集思广益达到同伴互助、共同提高。

※ 理论学习。围绕教学主题组内教师进行理论指导。理论学习做到组内学习与自己学习相结合，通过理论来指导教育教学实践，不断提高教育教学水平。

※ 活动竞赛。积极组织教师参加省、市、区各学科的论文、案例、课件等各种比赛，使教师在活动和比赛中得到锻炼，有所收获，促进教师的专业成长。

(3)狠抓教科研工作，落实课题实施。

※ 走科研兴校之路，完善机制，营造科研氛围。

学校将针对教师普遍存在的科研意识弱、科研能力低的实际情况，建立科学的教科研评价机制，让教科研作为评估中的硬指标，一改过去重精神、重结果的做法。以理论为先导，吸收先进经验，提高科研素质。让教师们及时吸纳外面先进的教育思想、科学的教学方法，用于提高自己的课堂教学技能。

※继续加强课题研究，规范过程管理，落实课题实施。

健全课题的管理制度，由校长任课题组组长，分管校长任副组长，加强对课题研究的监督；抓好教育科研和教学研究的主阵地——课堂教学，以课堂为平台，树立"科研走进课堂，科研融入课改"的理念，积极开展研究工作；定期召开课题研讨会，由各课题组长开学初制订计划，组织课题组成员进行学习、研讨、听课、交流，营造良好的教科研氛围；注重课题研究成果的展示和积累；每个课题组成员都要撰写课题论文和上一节课题研讨汇报课。

※进行专题研讨，不断提升理念。

聘请市、区教科所专家到校进行专题讲座，丰富教师头脑，在此基础上撰写教学论文、教学反思。

※开展个人课题，促进教师成长。

个人课题的研究打破了传统的课题研究模式，为了促进教师专业化成长，我校积极鼓励教师申报个人课题。

※注重科研总结，推广研究成果。

根据上级部门和学校工作的安排，组织广大教师(特别是课题组教师、青年教师)认真撰写教育教学研究论文、教学设计、教学案例等，积极参加各级各类比赛。力争多篇论文在市级以上刊物中发表及比赛中获奖。学校将编辑教师论文集和教学案例集，供教师学习交流。

分析：

教师专业发展离不开学校的制度保障。南昌市东湖区育新学校在培训、教学、教研等各个环节做出系统制度设计，注重可操作化细节和实施细则，强化了教师在教学、教研、培训一体化机制下的专业发展。

38. 关注每一位教师的发展，指导教师根据自身发展特点制订专业发展计划，加强青年教师培养，支持教师轮岗交流，推进信息技术在教师专业发展中的应用。

【要点解读】

校长在完善教师团队整体专业发展制度的基础上，同时需要关注每一位教师的发展。校长要鼓励教师在深入的自我反思和诊断的基础上，确定职业目标，制定个人发展规划。教师的个人发展规划主要包括：(1)自我分析。对自身已有的专业素养、优势与问题、成长历程进行分析。(2)自我定位。确立发展目标和专业发展的重点。我们国家的教师职业目标可以划分为课堂教学专长、班级管理专长、行政管理专长和课程开发专长四个方面。每个教师可以根据自己的个性特征、兴趣志向、外部环境等确定自己的职业发展目标。(3)行动计划。为了实现发展目标而采取的措施及时间安排。(4)实施要求。实现发展目标所需的条件与需要提供的帮助。个人发展规划制定完成之后，学校还要创造条件、搭建平台、评价激励教师能沿着自己的发展规划去追求职业目标的实现。

学校层面协助教师专业发展尤其应该针对青年教师，建立完善的校内培养机制，同时支持教师走出去，参与轮岗交流，通过多层次教育教学岗位的历练，提升教师专业水平。鉴于信息高速发展的时代背景，校长应该重视教师信息技术素养的提升，推动教师个体在知识技能方面全面多元发展。

总之，校长不仅要关注教师队伍整体发展，还要统筹整体与个体的关系，针对每位教师的自身特点，指导教师制定个人发展规划。而且校长应该革新思想，一方面，鼓励教师学习和应用信息技术，在教学实践中勇于创新。另一方面，运用信息技术构建专业发展的平台，能够为教师专业发展提供资源库，提供教师交流论坛、微信群等快捷沟通交流平台。

【履职建议】

(1)依据学校发展规划与教师个人专业发展需求进行教师生涯规划的指导。

作为校长，应该把握学校整体发展规划，基于教师队伍的全员性发展，关注到个体教师发展，充分做好教师个体指导。校长指导教师个体规划，首先，应该注重帮助教师做好自我剖析，从自身专业素质、学校专业环境、教学实践反思等方面做好个人梳理。其次，是帮助教师确立明确的专业发展目标。再次，针对教师专业发展过程中的方向、定位、策略和措施给予引领和修正。最后，校长应该统筹领导，为教师个体专业发展提供必要的资源、专业引领以及同行交流的平台，为教师专业发展提供切实可行的保障。

(2)全方位多层次培养青年教师。

青年教师的专业成长是教师队伍建设的核心任务。鉴于青年教师工作和学习精力，针对青年教师的培养，校长应该从理论水平、专业技能、科研能力、组织管理能力等方面全方位培养青年教师。

首先，校长应该支持并保障青年教师的理论学习，诸如青年教师的学历层次提升、继续教育进修、高层次教育教学研讨交流活动。其次，学校应该有完善的"传帮带"机制，安排教学经验丰富、学术水平高的老教师帮助青年教师成长，如指导教案的书写、备课的方法、讲授的方法以及文献查询充实授课内容等。通过有经验教师对青年教师业务上的指导，使青年教师在提高教学质量的过程中健康成长。最后，学校要信任青年教师，敢于让青年教师承担课题实验研究，帮助青年教师在研究探索中实现自我成长。

(3)统整全局，系统规划教师轮岗交流。

教师轮岗作为一项行政制度，使教师获得在不同岗位的历练，这种历练同样对教师专业成长具有重要意义。校长应该统整全局，切实落实行政制度要求的同时，全面关照本校发展规划，系统规划轮岗人员，切实保证本校工作的良性运转，以及轮岗支教教师的服务质量。帮助教师在不同岗位明确教师专业身份定位，促进教师专业情意和专业技能的多元发展。

（4）推进信息技术在教师专业发展中的应用。

首先，教师专业发展应该重视教师个体在信息技术方面的应用。技术的应用不应该整齐划一地推进。不同年龄段的教师、不同专业发展水平的教师，对于信息技术的认识与理解存在差异，其教学技能水平存在差异，因此，校长应该深刻理解教学与信息技术的有效整合，以便科学合理地指导并推进教师在教学实践中应用信息技术，实现教学创新。

其次，校长应该重视校内能够助力教师专业发展的信息平台。诸如局域网共享平台，即时沟通交流平台，局域网内外资源库的建立，都能够为促进教师专业成长提供支持和保障。

【示例分析】

案例 4-8：校长是教师专业发展路上的重要引领与支持

王老师是河北省涿州普通农村中学的一位年轻教师，因工作需要被市教委调入市级重点中学——涿州市实验中学。当来自农村中学的王老师忐忑地站在校长办公室接受教学任务时，校长并没有直接告诉王老师接哪个年级教哪个班，也没有直接规定王老师该做什么，而是询问王老师对实验中学的了解有哪些，自己未来的工作有什么担忧或者困惑，自己是如何看重点中学的家长和学生的……依据王老师的回答，校长和教学主任分别介绍了学校的整体情况和教育教学工作现状，郑重交给王老师一份教学常规表格，明确各项工作规章，另外还有一份个人职业发展期待（目标定位）表。这份表格从预设的家长和学生、预设的工作目标、预设的教育教学工作困难、预设的解决方法和路径等多个方面，帮助王老师梳理工作思路，做好教学前的准备。

当任教满一个月后，学校对王老师的工作有了初步了解，教学主任又专门针对王老师的教学困难、教学期待和未来几个月的教学目标做实际指导，并安排有经验的老师针对王老师的教学困难而连续听课评课，实施传帮带。

学期末或假期，学校为王老师提供外出学习的机会，观摩学习国内优质学校教学，学校积极联系教研优质单位，克服困难，派教师到几十公里外参与校外教学教研活动，扩展教师视野，弥补校内教研的不足。

学校提供机会，积极号召王老师等青年教师参与公开课、论文评比，无论做课还是论文评比，都在全校范围内做宣传。尽管没有物质激励，这种宣传令教师感到被认同,工作热情被激发。

在实验中学,几乎每一位教师在专业发展过程中,都能感受到校长对自己的引领和支持。

分析:

河北省涿州市实验中学校长高度重视教师在专业水平方面的自我分析、自我目标定位,并且结合教师实际工作,统整人力资源和课程教学资源,为教师专业发展提供专业引领和支持,依靠系统制度机制,有效提升农村教师专业发展水平。

39. 扎实开展师德师风教育,落实教师职业道德规范要求,严禁教师体罚或变相体罚学生,严禁教师从事有偿补课。

【要点解读】

立德树人是教育之本,教师作为教育工作者,师德师风建设是校长引领教师专业发展的重要任务。师德在《中小学教师职业道德规范(2008年修订)》中有明确规定,而师风则是教师践行职业道德的行为风貌。师德师风具体体现在如下几方面:第一,"爱国守法"是教师职业的基本要求。热爱祖国是每位教师的神圣职责和义务。而建设社会主义法治国家,需要每个社会成员知法守法,用法律来规范自己的行为。第二,"爱岗敬业"是教师职业的本质要求。没有责任就办不好教育,没有感情就做不好教育工作。教师应始终牢记自己的神圣职责,在教育实践中履行自己的光荣职责。第三,"关爱学生"是师德的灵魂。教师必须关心爱护全体学生,尊重学生人格,平等公正地对待学生。对学生严慈相济,做学生的良师益友。保护学生安全,关心学生健康,维护学生权益。第四,"教书育人"是教师的天职。教师必须遵循教育规律,实施素质教育。循循善诱,诲人不倦,因材施教。培养学生良好品行,激发学生创新精神,促进学生全面发展。不以分数作为评价学生的唯一标准。第五,"为人师表"是教师职业的内在要求。教师要坚守高尚情操,知荣明耻,严于律己,以身作则,在各个方面率先垂范,做学生的榜样,以自己的人格魅力和学识魅力教育影响学生。第六,"终身学习"是教师专业发展不竭的动力。终身学习是时代发展的要求,也是由教师的职业特点所决定的。教师必须树立终身学习的理念，拓宽知识视野。

在市场经济冲击社会核心价值体系的时代背景下，校长更应该重视落实教师职业道德规范的要求，严禁教师从事有违师德师风的活动，诸如体罚学生、变相体罚学生，或者从事有偿补课。

【履职建议】

（1）加强领导示范引领。

学校领导兼有领导者和教师双重身份，因此，学校领导自身在工作、学习、生活等诸方面也应做好教师的楷模，要求教师做什么或者不做什么，领导应该率先垂范，尤其校长的示范引领尤为重要。

（2）强化教师思想教育。

校长应该统筹各部门思想教育，构建系列专题活动，倡导教师必须坚持科学精神，以求真务实、勇于创新、严谨自律的治学态度，实事求是，潜心学习，成为热爱学习、终身学习和锐意创新的楷模；倡导教师树立终身从教的职业理想，热爱、忠诚、献身人民教育事业；帮助教师树立以人为本的素质教育理念，热爱和信任学生，尊重学生的自尊心和人格，平等地对待每一位学生，并把热爱与严格要求紧密结合起来。

（3）完善师德管理制度。

师德师风建设仅靠榜样示范和思想教育是不够的，还必须以完善的制度来约束和保障。第一，通过监督制度使教师的言行举止、工作态度和工作作风等受到监控与约束以增强其自觉性。一方面可以采取间接监督，即设立师德监督意见箱，领导班子要及时对群众意见大、师德师风不良现象进行限期整改和教育。另一方面是直接监督，设立师德文明监督岗，负责对教职工的违规违纪行为直接、及时、当场监督指出。第二是评价制度，师德评价能够提高教师职业道德素质和推动学校工作健康发展。在广大教师队伍中，有不少道德情操高尚，思想素质好，堪作楷模的先进典范，而且把科学的评价体系纳入师德师风建设中，能加速学校管理工作的科学化和规范化。第三是考核制度，师德考核是师德监督和师德评价的综合反应，是加强师德师风建设的有力举措。为使考核工作落到实处，学校应根据《中小学教师职业道德规范（2008年修订）》《中华人民共和国教师法》和学校实际制定诸如《师德考核细则》

《教职工奖惩条例》《优秀教师评选标准》等考核制度，将师德考核绩效纳入教师年度考核和教职工全员聘任制中。凡师德考核不合格者，应不予评优晋职；对师德败坏、有严重失德行为、影响恶劣者，应取消教师上岗执教资格。

【示例分析】

案例 4-9：师德师风专项教育①

北京师范大学万宁附属中学在师德师风建设方面坚持集中开展和常态推进相结合。2013年该校师德师风建设集中开展四个阶段的活动：第一阶段，动员部署、学习讨论阶段（2013年5月至6月），内容包括：制定《北京师范大学万宁附属中学师德师风教育实施方案》，召开师德师风教育动员大会，出一版师德师风宣传专栏，开展师德建设大学习、大讨论，组织全体教职工撰写师德师风建设学习笔记、每人写一篇1000字左右的心得体会；第二阶段，自查自纠、民主评议阶段（2013年7月至9月），内容包括：举行专场师德报告会，全体教师对照有关要求广泛展开批评与自我批评，制定具体评议方案并积极开展学生评教师、教师评教师、教师评校长、家长评学校活动，通过个别谈话、召开座谈会、交流会、评议会、问卷调查、走访等形式，充分征求家长、学生和社会各界人士对本学校师德师风中存在的意见，每个教师撰写2000字以上的自查书面材料；第三阶段，对照剖析、全面整改阶段（2013年10月至11月），内容包括：制定个人的整改方案，集中整治14个突出问题；第四阶段，建章立制、巩固提高阶段（2013年12月），内容包括：进一步修改完善师德建设相关规章制度，逐步建立师德建设长效机制，全面总结师德师风教育整顿活动成果和经验，评选师德标兵，表彰在师德师风建设学习中表现优秀的教师，对违反相关制度的教师进行严厉处分，建立教师业务档案袋，其中增加师德师风记录，每学年度对每位教师进行师德师风专项评价，列入学校末位淘汰制的考核项目。

分析：

师德师风建设需要制度保障。思想教育是师德师风建设的重要方式，校长

---

① 《北京师范大学万宁附属中学师德师风教育整顿活动方案》，北京师范大学万宁附属中学网站（http://www.bnuwanning.com/2013/Teaxy_0706/106.html），2013年7月6日。

及各层领导的垂范引领是必要前提，学校完善的制度是师德师风的必要保障。

40. 维护和保障教师合法权益和待遇，关爱教师身心健康，建立优教优酬的激励制度。

【要点解读】

随着社会对教育日益高涨的期望与要求，教师面临的挑战与压力也越来越多，很多教师处于亚健康状态，部分教师出现职业倦怠。国家中小学心理健康教育课题组对 14 个地区 168 所中小学的 2292 名教师进行抽样检测，发现 52％的教师存在心理问题，其中，33％的教师属于"轻度心理障碍"，16.5％的教师属于"中度心理障碍"，2.5％的教师已构成"心理疾病"。国外一项调查发现，84％的教师认为教师这一职业有损自己的健康。另一项研究表明，教师压力越大，教师的健康问题越严重。关爱教师的身心健康成为学校必须面对的问题。

影响教师身心健康的因素主要包括：教学任务重，工作超负荷；过分强调竞争，带来人际关系紧张；检查评比过多，导致教师疲于应付。①

维护和保障教师合法权益和待遇是关爱教师身心健康的有力途径之一，也是依法治校的落脚点之一。教师合法权益得到维护和保障，能够确保教师队伍稳定、健康地发展，能够解决教师的后顾之忧，也是对教师地位和工作的尊重与支持。

教师的合法权益是指法律规定的教师的权利和利益。教师除了作为公民所享有的权利以外，还具有与其职业相联系的特定权利（本书 34 条解读提及）。获取报酬待遇权，是教师的重要合法权益之一。《中华人民共和国教师法》第七条第四款规定：教师有"按时获取工资报酬，享受国家规定的福利待遇以及寒暑假期的带薪休假"的权利。教师福利待遇主要包括工资、津贴、住房、医疗和退休后的生活保障等方面。这是宪法规定的公民享有劳动和休息的权利在教师范围的具体化。

国家为保护教师的合法权益，制定了《中华人民共和国教育法》《中华人民

---

① 陈永明等：《〈中小学校长专业标准〉解读》，北京：北京大学出版社 2011 年版，第 77 页。

共和国教师法》以及与之配套的规范性文件，并认真加以落实。《中华人民共和国教育法》《中华人民共和国教师法》规定：国家保护教师的合法权益，改善教师的工作条件和生活条件，提高教师的社会地位。保护教师的合法权益是国家、社会、学校的共同职责。但是教师合法权益及待遇的履行受经济和社会发展水平的制约，也与执法机关工作人员的水平有很大关系，全国范围内教师的身心健康权益和待遇未能得到很好的保障，有的侵害教师合法权益的行为甚至来自学校本身。当教师的合法权益被侵害时，作为校长，应该多为教师争取属于他们的权利，取得教师的信任与支持。同时校长也要完善校内制度，促进教师身心健康发展，保障、落实教师合法权益。

【履职建议】

（1）多路径维护和保障教师的合法权益。

加强教师的普法教育，增强教师依法维权的意识。尊重教职工的合法权益，授予其参与学校管理的建议权和决策权。

完善教师相关制度，加强制度的细化和规范化操作。让教师的聘任、评优、晋级、考核等关乎教师切身利益方面的具体制度更具操作性，并让争议处理规范化。

畅通校内教师申诉渠道，健全保障教师权益的各级组织。学校内部设立的教职工代表会、工会、妇女委员会、聘任调解小组、职称评审调解小组等，要使其充分发挥作用，不对提出申诉要求的教师打击报复。

充分考虑教师诉求和客观情况，统筹安排，处理好矛盾纠纷。当学校以外的其他社会组织和个人侵犯了教师及其他职工的合法权益时，学校及其他教育机构有义务以合法方式，积极协助有关单位查处违法行为人，维护教师的合法权益。

（2）创设相对宽松的学校学术和组织管理文化，促进教师身心健康发展。

校长要树立教师成长的正确观念，即教师的成长不仅是指教学技能的发展，还应包括其心理成长。人的需要不仅是得到工作，提高工资福利待遇，更重要的是体现工作生活质量，其核心是满足自我实现的需求。

校长要了解、激发员工的兴趣，尊重教师的专业自主权，信任教师的职业素养；制定优教优酬的激励制度，实施教师业绩考核和评价建议以形成性评价为主，注重诊断和发展；减少不必要的检查评比，在学校管理中给教师留出一定的自由空间；给予压力过大的教师富有针对性的帮助，设立心理咨询热线，开办旨在帮助教师降低压力水平的研讨班等。

【示例分析】

案例 4-10：河北衡水中学满足教师正当需求，促进教师成长①

有关研究表明，广大教师对于民主、平等、尊重等精神需求的渴求，对于参与团队管理的欲望，对于个人事业发展的需求，要远比其他社会群体更为强烈。河北省衡水中学作为一所和谐共生、持续发展的省级示范高中，是如何满足教师正当需求的呢？

第一，满足教师需求，激发生命潜能。

(1)积极创造条件，让教师参与学校管理；(2)满足教师生活需要，解除其后顾之忧；(3)强化和创新教师培训，满足教师的发展需要。

第二，创新管理机制，促进自主发展。

(1)推行"走动式"管理，即"高站位决策、低重心运行、近距离服务、走动式管理"的运行模式，其中一个重要含义就是学校领导要经常深入教师中间，走进教师备课区、教师家庭，主动接近教师，了解并满足他们的需要。

(2)完善教育科研管理机制。学校专门成立教科处，健全了一系列的规章制度，引入竞争激励机制，把能承担科研课题、承担课题的级别层次、科研成果大小，作为教师评职晋级、评优选模的先决条件。同时为教师开设阅览室和备课区等为教师理论学习和专业发展创设便利条件。

(3)建立健全激励机制。学校打破论资排辈、平均主义思想的待遇制度，建立健全了一套激励、竞争与评价机制，让"能者上得去，庸者下得来"。先后制定了《功勋教师评比方案》《优秀班主任评比奖励办法》《十大杰出青年教师评比方案》等，调动全体教师的创造积极性。

分析：

对教师管理来说，教师的心理管理是最需要引起注意的管理项目之一。学校要管好学校教职工的心，不让他们为教育教学之外的事情分心。河北省

---

① 本案例改编自杨少春：《名校行政管理细节力》，重庆：西南师范大学出版社 2009 年版，第 217 页。

衡水中学从授予教师参与管理和决策权、消除教师生活烦恼和家庭琐事、满足教师进一步学习（以保障其晋升评优）、满足教师与领导平等沟通和被领导赏识的渴望以及给教师提供公平竞赛的平台等方面，全方位地满足了教师物质与精神各个方面的需求，让教师们切实感受到了学校对他们的尊重与激励、帮助与关怀。所以，学校要想真正获得可持续发展的动力，就应该想办法让教师们心无旁骛地工作，而让教师们一心扑在工作上的最好办法，就是解决一切困扰教师心境的问题。

第五章　优化内部管理[①]

　　《国家中长期教育改革和发展规划纲要(2010—2020年)》提出:"适应中国国情和时代要求,建设依法办学、自主管理、民主监督、社会参与的现代学校制度。"党的十八届三中全会审议通过的《中共中央关于全面深化改革若干重大问题的决定》指出要"深入推进管办评分离,扩大省级政府教育统筹权和学校办学自主权,完善学校内部治理结构"。应该说,完善科学规范的教育治理体系,形成高水平的教育治理能力,优化学校内部治理,是教育领域对"完善和发展中国特色社会主义制度,推进国家治理体系和治理能力现代化"总目标的呼应和细化,也是建设现代学校制度的重要保证。

　　对于义务教育学校而言,就是要着力完善校长负责制,实行校务会议等管理制度;就是要充分发挥党组织在学校工作中的政治核心作用;就是要建立健全教职工代表大会制度,不断完善科学民主决策机制。全面形成自我约束、自我规范的内部管理体制和监督制约机制。

　　作为学校的法人代表,建树"治理"理念、完善内部治理结构、优化内部管理是义务教育学校校长重要的管理使命和专业职责。校长应审慎对待行为主体多元化、利益主体多元化的时代背景,坚持依法治校,崇尚以德立校,倡导民主管理和科学管理,做好学校人事财务、资产后勤、校园网络、安全保卫与卫生健康等方面的规范化管理。

---

　　① 本章由刘继玲撰写第41、49、50条目,王鸿杰撰写第42、43、46、47、48条目,李娜撰写第44、45条目。

一、专业理解与认识

41. 坚持依法治校，自觉接受师生员工和社会的监督。

【要点解读】

依法治校指学校在各级党委和政府的领导下，依据国家的法律、法规、规章及其他有关的规范性文件和章程，管理学校事务，使学校的各项工作实现依法治理。

依法治校的依据是国家的法律、法规、规章和相关的规范性法律文件，以及学校依法制定的学校章程和学校管理的各项规章制度。依法治校的主体包括学校各项事务的管理者，也包括教职员工、学生。其核心是学校办学自主权的依法行使。依法治校的内容包括学校依据国家教育方针自主开展的教育及教学活动、学生管理活动、教师管理活动、财务管理活动等，也包括学校师生依据法定程序对学校进行的民主管理活动。

依法治校的本质在于法治，在于民主。简而言之，即崇尚法律的权威，法律面前人人平等；按照平等和少数服从多数原则来共同管理学校事务。

校长坚持依法治校的重要表现就是能够自觉接受员工和社会的监督。监督的实质是以权力制约权力。孟德斯鸠说："一切有权力的人都容易滥用权力，这是万古不易的一条经验。……要防止滥用权力，就必须以权力约束权力。"①权力的公共性（中性）与掌握权力者的私人性之间始终构成一对矛盾，古往今来的一条铁律是，绝对的权力绝对会导致腐败。不受规范和约束的权力，随时可能会膨胀超越其既定的边界，形成滥用。因此，要正确处理权力与权利的关系，保证权力得到正确合理的行使，就应该对权力加以规范、制约、监督。

中小学校长作为公务法人拥有一定的行政权力，例如校内机构设置权、制定规章制度权、人事任免权、教学组织权、学生违纪惩处权、经费支配权

① ［法］孟德斯鸠：《论法的精神（上）》，上海：商务印书馆1961年版，第154页。

以及招生权等，如果不对许许多多的权力进行规范与监督，将导致工作的随意性增多，违法腐败现象随之发生，就会侵害管理相对人的合法权益，危害学校的秩序和安全，危害学校事业的发展。依法治校的核心就是要规范中小学的行政权力，从这个意义上说，首先依法治"官"、依法治权，有权必有责，用权受监督。校长要自觉接受师生员工和社会的监督。

【履职建议】

总体而言，依法治校要做到有法可依，学校要建立完备的规章制度，这是依法治校的前提。依法治校的根本是全面贯彻党和国家的教育方针。依法治校的主旨是落实民主管理，做到校务公开，发挥教代会、学生委员会、家委会的民主参与和监督功能。依法治校的落脚点是切实维护和保障学校、教师、学生的合法权益。

依法治校的深度和广度和校长对依法治校的理解有密切关系，因此校长重点从以下三方面来落实依法治校的要求。

(1)提高法律意识。

校长要提高对依法治校重要意义的认识，增强法治观念，初步掌握涉法的基础知识，这是学校实施法治化管理的前提和基础。

(2)建立健全规章制度，使学校管理有"法"可依，有章可循。

国家级、地区级的教育法律法规、教育政策已经比较完备，但学校的管理光靠法律或政策还不行，应该结合实际情况制定更为详细和具体的校内规章制度，尤其要重视学校章程的制定和修正，保证招生、收费、考核、晋级等敏感问题管理的流程建设。

(3)加强学校监督机制，自觉接受监督。

充分发挥党组织的保证监督和政治核心作用；充分发挥教职工代表大会在学校管理中的民主监督作用；全面建立与完善党（总支）支部委员会、教师委员会、家长委员会、学生自治委员会等，让其参与学校管理；实行校务公开，加强对学校工作过程的民主管理和监督；尝试建立扁平式、利于民主管理、便于沟通的学习型组织管理模式；加强与社区的联系，广泛听取社区民众对学校建设的相关建议。

【示例分析】

案例 5-1：深圳外国语学校的依法治校历程①

推进依法治校工作，创建依法治校示范校，深圳外国语学校的主要做法是：

第一，提高认识，明确依法治校在学校工作中的重要位置。

第二，切实强化法制教育，提高师生的法律素质。

一是坚持有重点、分层次、全方位的原则，普遍开展法制教育；二是把法制教育列为学生必修课；三是与税务部门共建"少年税校"，加强税收法规和政策的宣传教育，增强学生的税法意识，培养诚信纳税的未来主人翁。

第三，依法建立健全管理制度和管理机构，完善学校管理体制。

一是依法健全学校管理制度，并使之得到切实有效的执行。学校制度十分健全，学校工会、学校社区教育委员会、家长委员会章程完善，校长办公会、总支委员会、行政会、教职工代表大会和教职工大会等各种会议和组织机构的职责权限、议事规则也都健全有效，形成相互配套的制度体系，保证学校管理有法可依，有规可循。同时，为了增强规范性，学校制定了文件起草、审核、制定、下发的有关制度，并定期制定管理制度、文件资料汇编，下发各个部门，保证各项规章制度顺利实施，有效执行。

二是依法完善和优化管理体系，对学校工作进行卓有成效的决策、计划、协调和实施。学校建立了三级行政管理机构，在校长全面负责制下，设置办公室、教务处、学生处、科研处、总务处等中层管理机构，校长、副校长和中层各处室主要负责人组成学校领导班子；在中层管理组织下面，又分块设置了学科教研组、年级教研组、教改实验组、课外活动指导组、后勤生活组、物业管理办等若干基层管理单位，各层级各司其职，团结协作，协调共享，荣辱与共。

三是制定学校章程。《深圳外国语学校章程》制定过程中由学校法律顾问审阅并出具了《法律意见》，交由教代会三次审议通过，充分体现了学校贯彻依法治校、民主管理等法治精神。

———————————

① 本案例改编自吴献新：《校长依法治校之行动研究》，北京：高等教育出版社 2012 年版，第 146 页。

第四，坚持和完善民主管理、民主监督制度，全面、及时实行校务公开。

一是完善以教代会为基本形式的校内监督机制。学校建立了学术委员会负责、工会牵头、行政落实的校务公开工作领导小组，形成党政工齐抓共管、教职工全员参与、教代会为最高形式的校务公开工作体制和监督体制，及时对广大教职工和社会群众所担心的"权力因素"，所关心的"焦点热点"问题以及学校工作的重点、难点释疑解惑，全面公开。学校发展的重大决策、财务收支情况、福利待遇以及教职工聘任、奖惩办法等涉及教职工切身利益的重大问题及时向教职工公布。

二是建立学校与社区、家长联系制度。

三是始终坚持依照法律法规处理收费、招生、报送、基建等敏感问题。

四是依法进行教育教学管理，维护师生合法权益。

五是树立安全第一思想，确保校园平安。

六是以依法治校为基石，创建以人为本的和谐校园。

分析：

深圳外国语学校立足特区，立足学校实际，全面推进依法治校工作，探索出了具有学校特色的依法治校思想和举措。在"法"的架构下，逐步构建出"依法治校"的框架，建立起一套比较成熟的依法决策、民主参与、自我管理、自主办学的工作机制和现代化学校制度。并通过机制运行，构建了责权利相统一、公平公正的和谐育人环境，切实维护了师生和学校的合法权益。其中监督体系的特色设计和运行，充分保证了教职工的知情权、监督权和民主参与权。

42.崇尚以德立校，处事公正、严格律己、廉洁奉献。

【要点解读】

"以德立校"与"依法治校"，如同学校内部管理的"双足"，互补互促，协同推进。"依法治校"是优化内部管理的前提，"以德立校"则是优化内部管理的根本。鉴于前文已有加强教师师德与学生品德方面的相关解读和建议，下面重点从校长这一层面和视角就"以德立校"做相关阐释。

"价值观、道德感和伦理规范构成了领导和管理生活。"①作为"道德共同体"②为重要特性的学校的领导,校长更应该关注并实施道德领导,崇尚"以德立校",进而感召、影响和带动全体教职工全面落实"立德树人"这一根本任务,形成"校长之德、教师之德与学生之德"三德共生、共融、共进的格局和境界,推动学校各项事业的健康、和谐、科学发展。

"其身正,不令而行;其身不正,虽令不从。"③"以德立校",首先就是要求校长要拥有与岗位职责和事业使命相匹配的优良的思想素质、道德品质、价值观念和事业情怀。主要表现为以下三个方面。

一是处事公正,就是强调校长要以公平原则和正直情怀做好学校内部管理的决策和落实,特别是在关乎教职工切身利益和学生受教育权益的"三重一大"(重大决策、重要干部任免、重要项目安排、大额资金的使用)方面,更是如此。唯有如此,教职工的主体性、主动性和创造性才能得到保护、激发和张扬;也唯有如此,校长的管理理念、学校的管理制度、班子的管理决策才能得到教职工的广泛认同、充分支持和高效执行。

二是严格律己,就是强调校长要以自警意识和自省习惯加强个性道德品行的历练和提升,尤其是在处理个人利益与集体利益、个人利益与群众利益的关系时,更须如此。作为一校之长,要坚持做到"慎独、慎始、慎众、慎微",唯有如此,才能赢得群众的拥戴和组织的认可,才能拥有教育领导职业生涯的拓展与延伸。

三是廉洁奉献,就是强调校长要以廉政观念和勤政作风投身到优化学校内部管理的进程中,清正廉洁,恪尽职守,勤勉踏实,尤其是面临"急、难、险、重、苦"等重大考验和紧要关头,更须如此。唯有如此,才能最大限度地激发和凝聚广大教职工爱岗之意、爱生之心、爱校之情和爱教之志。

【履职建议】

"以德立校"理念的落实,关键在校长。

---

① [美]威廉·G. 坎宁安等:《教育管理:基于问题的方法》,赵中建,译,南京:江苏教育出版社 2002 年版,第 199 页。

② [美]托马斯·J. 萨乔万尼:《校长学:一种反思性实践观》,张虹,译,上海:上海教育出版社 2004 年版,第 89 页。

③ 郑臣:《道德与政治的分与合:论语的思想启示》,载《孔子研究》,2009 年第 3 期。

（1）自觉强化"进德"意识。

《易·乾》说，"君子进德修业"，而"进德"为"修业"之本。杜佐周早在1930年就提出，一个合格的校长应具有"良好的品性，如和善、公正、热忱、廉洁、诚恳、慈爱、同情等，乃其最要者。"①

管理学校，不是单纯的科学实践活动，也不是普通的技艺，而是人文和道德实践，是一种"道德技艺"②。作为校长，应自觉地把"德才兼备，以德为先"的干部任用管理原则转化为个人成长发展原则，不断强化政治素质和道德素养，继而影响、带动领导班子和全体教职工。

校长的"进德"意识，具体来讲，就是要有意识地使用"合乎职业道德的、诚实的影响策略"③，如通过示范来领导，使用理性说服，发展专业的声望，进行鼓舞性的号召和情感表达，展示个人吸引力，尝试以身作则的领导、咨询，与团队成员交换支持，成为团队行动者等。与此同时，更有意识地规避"不诚实和违背职业道德的影响策略"④，如开玩笑和哄骗，逢迎，沉默对待，向上请求，降低姿态，玩游戏，不合法的压力，温和地操控人和情境，甚至玩弄权谋等。

（2）自主开展"进德"行动。

要通过个人历练、岗位锻炼、组织培养、群众监督以及社会熔炼等途径和方式，从职业道德认识、职业道德情感、职业道德意识和职业道德行为四个维度，持续加强自身的用人之德、育人之德、治学之德、理财之德、交往之德。⑤

五德之中，最根本也最重要的是"育人之德"，应体现在把握正确的办学方向，传播先进的办学理念，实施以人为本的管理策略，研究和制定能够促进学生充分发展、全面发展和持续发展的课程体系、教学策略和评价机制。

修炼"育人之德"，要善于摆正所谓"学校利益"与学生利益的关系、学生

---

① 杜佐周：《教育与学校行政原理》，上海：商务印书馆1930年版，第161页。

② [美]托马斯·J.萨乔万尼：《校长学：一种反思性实践观》，张虹，译，上海：上海教育出版社2004年版，第421页。

③④ [美]安德鲁·J.杜伯林：《领导力（第四版）》，王垒，译，北京：中国市场出版社2011年版，第226页，第231页。

⑤ 陈大超、王丽哲：《关于中小学校长职业道德现状的调查研究》，载《教育科学》，2011年第6期。

发展与教师发展的关系；要敢于反对考什么便教什么的短期行为，敢于反对置学生健康于不顾而无节制地加重学生负担，敢于反对无视效率与效益的题海战术，敢于反对只关注成绩好的学生而轻视成绩落后学生的功利行为。

（3）着力建构"立德树人"的长效机制。

"以德立校"的终极价值是"立德树人"。校长应在主动加强自身建设的同时，将社会主义核心价值观的培育和践行融入学校教育全过程，以学校的主流价值观培育和精神文明建设为统领，建立健全教育、宣传、考核、监督与奖惩相结合的"立德树人"长效机制，把党的教育方针和社会主义核心价值观细化、实化、具体化，转化为学生的核心素养和学业质量，体现到课程标准、教材编写以及考试评价之中，系统加强全校教师的职业道德水准，持续提升全体学生的思想道德水平。

【示例分析】

案例 5-2：吴颖民校长：我是一个"兵"，更是一杆"标"①

当我代表我校全体教师领受"师德标兵"这个称号时，我始终告诫自己：我既是一个"兵"，也是一杆"标"。

说是一个"兵"，是因为我仅仅是我校教师队伍中的一个成员，一个仅仅有着某些社会角色差别的普通成员，一个与千千万万教师没有什么本质区别的普通教育工作者。我理应和所有的教育工作者一样，勤勤恳恳地工作，默默无闻地奉献，静心教书，潜心育人，像千千万万的小蜜蜂一样共同酿就"教书育人"的甜蜜事业。

说是一杆"标"，是由我的社会角色、我的校长身份决定的。作为校长，我应该成为一杆"标尺"，成为教师们的表率。作为"标尺"，我个人的水平就不仅仅代表我自己，还代表着学校的水平。因此，我一直在不懈地努力提升自己的专业素养，深化自己的学术造诣，强化自己的敬业意识和奉献精神。

---

① 吴颖民：华南师范大学附属中学校长，中国教育学会副会长，华南师范大学基础教育培训与研究院院长、《中小学德育》社长、总编，研究员，博士生导师，广东省特级教师，享受国务院政府特殊津贴专家。他是国内为数极少的拥有"高教""普教"两栖管理生涯的校长，更是一个"以德立校"的典范。本案例改编自吴校长在广东教育工会庆祝 2007 年教师节暨师德报告会上的发言《我是一个"兵"，更是一杆"标"》。

当我们提出要以一种自我超越、自觉创新的精神引领我们的师德建设以促进教师职业道德自觉提升的时候，作为校长这杆"标"，我不仅要做热爱学生、教书育人、为人师表的模范，而且要做依法治教、依法办学、带好队伍、贯彻党的教育方针、推进素质教育的模范。

当我们在办学过程中坚持自己的教育理想、坚持自己的道德准则、坚持自己职业良心的时候，我深知，我们要承受着沉重的世俗压力。这不但需要我们有胆识，有气魄，敢于承担，善于创新，还需要我们有学识，有内涵，在满足社会对优质教育的需求、增强学校生存发展的后劲、促进学生健康成长与和谐发展方面求得一个合理的平衡。这些方面还有好多新知识要学习，还有许多难题要突破。而作为一杆"标"，我在承受着繁重的管理工作的同时，总是不断提醒自己要勤思考、勤读书、勤写作，以提高自己的学识和涵养，身体力行地为教师们做出表率。

分析：

崇尚"以德立校"的吴颖民校长，钟爱教育、关爱教师、热爱学生，持续历练自己的育人之德、治学之德、用人之德，身体力行地诠释了师德标兵的真正内涵，并带动着教师的爱岗敬业、为人师表，推动着学生的健康成长、和谐发展。

43. 倡导民主管理和科学管理，坚持教书育人、管理育人、服务育人。

【要点解读】

民主管理和科学管理①，如同学校内部管理之"双臂"，是稳步推进并不断优化学校内部管理的基本保障，也是切实推动并有效落实"教书育人、管理

---

① 科学管理：从广义上来讲，指所有应用科学方法和科学工具进行的管理；从狭义上说，指美国的泰罗、法国的法约尔和德国的韦伯等人所倡导的一种把科学技术的成就应用于企业管理的制度和方法。这种管理的观点把管理者和员工之间的不同角色规范化。从上至下不均匀地赋予权力和纪律，其中，管理者制订计划和目标，员工执行所要求的任务。其特征是更强调"以事为要"，关注工时定额化、程序标准化、管理职能化、酬金差额化、分工合理化等，而常常忽略人的因素和作用。本"要点解读"主要从广义的角度加以分析，更强调"以人为本"。

育人、服务育人"的重要保证。因为，任何管理理念、方式和模式的价值核心和终极目的都是为了"人"，为了人的成长和发展。

学校的民主管理，就是校长及其领导班子通过多渠道、多样式地关注干部师生的主流需求、听取干部师生的合理建议、发挥干部师生的创造智慧并尊重干部师生的自主选择，进而提高决策质量、凝聚成员共识、优化管理绩效的状态和过程。

其基本特征表现为，集中群众智慧来管理学校，保障干部师生有参与管理学校并监督学校各级管理人员的权利，充分发挥全体干部师生的积极性和创造性，使干部师生真正成为学校的主人等。

学校的科学管理，则是自觉地把握和遵循教育发展规律、学校办学规律、教师专业发展规律和学生成长规律，以科学理论指导学校管理、以科学制度保障学校管理、以科学方法推进学校管理、以科学研究提升学校管理进而更好地服务于师生的成长和发展的状态和过程。

其基本特征表现为，注重管理规律，注重先进思想的借鉴运用，注重管理体系的建构驾驭，注重管理机制的健全完善，注重相关利益的关切保障，注重管理成就的创造推出等。

民主管理与科学管理，各有优势，互为补充。校长应根据自身的领导风格、管理对象、管理环境以及学校管理的发展阶段的需要，有机整合和有效发挥此两种管理理念和模式的各自优势和统合作用，推动学校内部管理的持续优化和完善。

【履职建议】

（1）坚持"以人为本"。

倡导民主管理和科学管理并力求二者的有机结合，方能产生积极的协同作用和卓著的管理效益。为此，必须以科学发展观为根本统领，其核心是"以人为本"。

人力资源，是学校内部管理的第一资源，人的发展是学校内部管理的终极目的。校长及其领导班子要牢固树立"尊重人、为了人、依靠人、发展人"的管理理念，民主而科学地推进内部管理。要尊重人的自主性和自觉性，让干部师生依照规章制度自己管理自己，把人的主动性和法律约束力有机统一于以人为主体的学校活动中，最大限度地激发人的创新激情和创造活力。

(2)健全管理机制。

不断完善管理体制，发挥校委会、支委会、教代会、学术委员会、学生会以及家长委员会等的作用，探索建立现代学校制度；着力加强民主集中制，严格按照"集体领导、民主集中、个别酝酿、会议决定"的程序来推进决策的科学化、民主化。凡属学校发展规划、重大改革、人事安排、财务预算、基本建设、教育收费等重大事项，都要领导班子集体讨论决定，把民主集中制贯穿到管理活动和学校运作的各个环节。

(3)加强管理研究与创新。

民主管理和科学管理，是一个渐进的状态和过程，在此过程中，除了积极的实践探索和修正，更需要深入的研究和论证。

要把学校内部管理纳入学校整体发展规划和教科研专项规划，通过课题立项、项目设计、专题研讨等途径和方式，不断深化。

可根据区域教育体制改革和学校办学模式改革的需要，探索研究并积极开展"学区化办学""九年一贯制办学""集团化办学"等，推动学校内部治理结构的优化，最终实现依法自主管理教师、自主实施课程，按照章程办学。

【示例分析】

案例5-3：学校民主管理的5个关键词[①]

山东省潍坊广文中学校长赵桂霞在谈及推进学校民主管理方面，有着较为成功的探索和较为深入的思考。这其中，有5个关键词非常值得关注。

(1)倾听。

倾听教职员工、学生和家长的声音，是广文中学改进工作、强化措施、解决问题的一种方法。每个学年结束，学校要倾听教师的苦恼和问题；在平时工作中，不断搜集教师的愿望和建议，就连请专家作报告，也是在倾听中确定专家和报告内容的。倾听学生和家长的声音，每学期进行两次，如调查问卷、座谈会、个别访谈、书信交流、邮件沟通等，成了倾听的主要方式。

---

① 本案例改编自赵桂霞：《学校民主管理的8个关键词》，载《中国教育报》，2008年11月6日，第9版。

（2）沟通。

每到周二下午，校长与学生之间的"成长对话"就会如约进行，每次主题不同，参与人员不同。一个半小时的"成长对话"拉近了校长与学生的距离，成为学校民主管理一道亮丽的风景线。而每个周三下午，校长与教师之间的"课程对话"也成为校长倾听声音的一个常规项目。对话在校长与师生间不间断地进行，它实现了倾诉与倾听，师生更加理解学校，学校更加了解师生的需求和问题，学校与学生、教师与学生的关系更加和谐。

（3）商量。

广文中学创新制度的产生过程，引导教师参与学校民主管理，参与制度的制订、决策的形成。凡涉及全校教职员工利益，为重大规章制度或重大决策的，都要提交教代会商量决定；涉及部分教职工利益，为重要规章制度或重要决策的，由教代会选举产生的教职工委员会商量通过。

（4）公开。

在学校最显要的位置，建立了容量大、功能强、板块齐全的校内公示栏，将全校师生关注的招生、收费、评优、提干、党员发展、物资采购、教师发展、学生成长、资源建设、后勤保障、办公会议纪要等内容，全部公示出来。同时，自主研发了网上公示互动系统，大力开展网上点题互动交流活动。校务公开实现了文本公示、网络公示两线并行，构建起民主管理、公开监督的立体网络。

（5）满意度。

在年度考核工作中，服务对象的满意度是教职员工年度考核分数的重要组成部分。年度考核办法教代会通过，实行量化计分，根据每个教职工所得分数，按照一定比例确定年度考核优秀等次。这一举措，大大增强了教职员工的服务意识，恪尽职守、精益求精、雷厉风行、有所作为的工作作风逐步形成。

分析：

学校管理的最高境界是"让每个教职员工都感到自己重要"，从而使每个人的积极性最大限度地激发出来。而达到这种管理境界，离不开充满人文情怀的民主管理。山东省潍坊广文中学的内部管理充满生机与活力，很大程度上，正是因为校长及其领导班子充分地读懂了民主管理的要义，创造性地开展了民主管理的探索，并很好地步入了科学管理的良性轨道。

二、专业知识与方法

44. 把握国家相关政策对校长的职责定位和工作要求。

【要点解读】

    教育政策包括教育法律、法规。《中华人民共和国义务教育法》规定，中小学校实行校长负责制，校长是学校的法定代表人。与校长的职责定位和工作要求紧密相关的政策文件包括《全国中小学校长任职条件和岗位要求（试行）》(1991)《小学管理规程》(1996)、《中小学德育工作规程》(1998)、《关于义务教育学校岗位设置管理的指导意见》(2007)等。从这些相关政策文件来看，校长在学校内部管理上的职责定位概括来说包括两个方面：一是教育教学中心工作，二是学校内部的日常行政管理工作。随着时代发展的新要求，新出台的《义务教育学校校长专业标准》进一步列举了校长的六项专业职责，包括规划学校发展、营造育人文化、领导课程教学、引领教师成长、优化内部管理和调试外部环境。

    概括来讲，我国相关政策文件对校长的工作要求包括加强教育政策法规、教育理论的学习，加强自身修养，提高管理水平，依法对学校实施管理等。《义务教育学校校长专业标准》还对校长提出了以德为先、育人为本、引领发展、能力为重、终身学习的总体工作要求，并从专业理解与认识、专业知识与方法、专业能力与行为三大方面对校长六项专业职责提出了60条具体化的工作要求。

【履职建议】

    (1)对照政策文件规定，明确自身职责定位。

    学校管理工作是千头万绪、纷繁复杂且伴有很多突发因素的，因此校长个人难免在不知不觉中被事务性工作、突发性事件等牵着鼻子走。为了更好地履行校长的职责，校长要认真学习相关政策文件，及时对自己的主要工作和时间分配进行总结和反思，对照文件规定，不断明确自身职责定位，并反思在工作中是否切实达到了政策要求。

(2)加强政策学习，提升政策素养，按照政策办学。

校长作为落实国家教育政策的第一人，其本身的政策素养非常重要。作为校长，不仅要学习成文的各种政策文件，领会文件精神，同时要及时把握国家和地方重大会议所传达的精神，了解重大会议对学校管理提出的新要求。重大会议精神绝不会是空穴来风的提法，而是对实践的深刻把握和对未来的高瞻远瞩。校长应该具备这种政策敏锐度，提升自身政策素养，及时把握改革动向，并在实践中按照政策办学。

【示例分析】

案例5-4：北京教育学院附属丰台实验学校理事会正式成立①

2014年1月14日下午，北京教育学院附属丰台实验学校理事会召开第一次全体会议。会议讨论通过了《北京教育学院附属丰台实验学校理事会章程》，标志着北京教育学院附属丰台实验学校理事会正式成立。

北京教育学院附属丰台实验学校理事会负责北京教育学院附属丰台实验学校的战略规划和重大事项的研究决策。理事会成员约13～15人，由北京教育学院、丰台教委、北京教育学院附属丰台实验学校、丰台区教研部门、家长和社会等六个方面的代表共同组成。理事会下设理事长、副理事长、秘书处和理事等专门机构，理事长由北京教育学院杨志成副院长和丰台教委张立新主任共同担任。理事会实行任期制，每届任期三年，可以连选连任。理事会定期召开会议，特殊情况下可召开临时会议。

北京教育学院附属丰台实验学校理事会的设立，是改革学校领导体制的一次有益尝试。一旦实验成功，对于构建学校新的治理结构，乃至推进区域教育领导体制改革，都将具有非常深远的意义。

分析：

作为一所新成立的学校，北京教育学院附属丰台实验学校首先在学校内部治理结构上站在了一个政策的制高点，充分把握了当前教育政策的精神，是完善学校内部治理结构、建设现代学校制度的重要一环。党的十八届三中全会首次提出"国家治理体系和治理能力现代化"。在2014年1月份的全国教

---

① 本案例改编自：《北京教育学院附属丰台实验学校理事会正式成立》，丰台教育网（http://www.ftedu.gov.cn/2014XinXi/2014－01/18063.htm）。

育工作会议上，教育部部长袁贵仁指出教育要适应国家治理体系和治理能力现代化建设需求，从七方面加快推进教育治理体系和治理能力现代化。该校的理事会制度深刻领会了党建政策的精髓所在，是探索建立现代学校治理体系和推进学校治理能力现代化的有益尝试。

理事会制度的建立有利于形成政府宏观管理、学校自主办学、社会广泛参与、职能边界清晰、多元主体"共治"的格局，有利于社会监督长效机制的形成。但是在运行中也有一些注意事项：一是要协调好理事会与教代会以及"校长负责制"之间的各种关系，使理事会成为校长权限的"制衡器"，学校发展的"助推器"。二是要依托理事会，推进学校的开放度，形成新型的"家校关系""社校关系"。三是要依托理事会制度，完善科学合理的学校评价机制，推动学校的科学化管理和民主化管理进程。

45. 掌握学校管理的基本理论与方法，了解国内外学校管理的变化趋势。

【要点解读】

掌握学校管理的基本理论与方法是对校长应具备的专业知识与方法的基本要求，了解国内外学校管理的实践与变化趋势是校长在学校管理中做到与时俱进、科学管理的保证。学校管理的基本理论是校长应该具备的最基本的专业知识，没有深厚的理论积淀，管理实践就是无源之水。方法是为获得某种东西或达到某种目的而采取的手段与行为方式，在同一理论的指导下可以因地、因时制宜地采用不同方法。关注变化趋势就是关注事物发展与时间的长期变化关系，这一点在当前迅速变化的信息社会尤为重要。

中西方管理学的研究形成了丰富的管理理论和思想。中国古代的管理思想以儒、法、道三家思想为主。儒家思想是以"仁"为核心和"人贵"的思想体系，强调管理者做到"修身"，教育学生要"有教无类"，管理教师做到"重人""爱人""任贤使能"，管理中做到"以和为贵"；法家思想强调"以法为治，以吏为师""法、术、势"结合的法治思想；道家强调"重道""清静"，教育管理中做到"无为而治"，且"有所为有所不为"。我国古代的这些教育管理理论和思想是现代学校管理的重要思想宝库，直至今天仍然对学校管理有着重要影响。

西方管理理论的发展则经过了古典管理理论、行为科学理论和当代管理理论三个阶段。古典管理理论强调以组织和制度为基础的管理主张，虽然带来了管理效率，但忽视了管理中"人"的因素。行为科学理论提出以人为基础的管理主张，代表性的理论有人际关系理论、动机—激励理论、巴纳德的社会系统理论和西蒙的决策理论。当代管理理论以系统权变的管理理论为代表，提倡适应和变化的管理主张。当前对学校管理与变革影响最大的为权变管理理论。此外，校长在具体的履职过程中还需要学习教育管理的决策、计划、组织、控制、激励等具体的管理职能和过程理论。

校长也要及时了解国内外学校管理中的一些新做法和变化趋势。冯大鸣[1]通过研究美、英、澳等国十年来的教育管理发现了以下代表性理论：道德领导、教学领导、分布式领导和知识社会领导。陈如平[2]认为深化学校内部管理体制变革，建立现代学校制度应该体现以下六大特性：人本性、民主性、科学性、开放性、发展性和生态性。张新平[3]将21世纪教育管理学理论的五个基本发展趋势概括为：从单一简化体系走向多元综合模式，从以"管"为中心的研究走向以"理"为中心的阐释，从物化、被动、唯利是图的人的假设走向现实的主体性的人的假设，从描述解释取向走向批判反思，从效率理性追求走向价值伦理表达。综上，当前国内外学校管理实践与变革有以下几个明显的趋势：一是在校长负责制的基础上，出现了决策权下移和组织结构的"扁平化"，体现了分布式领导和人本、民主等思想；二是校长管理从行政事务型转向专业引领型。校长的教学领导力和校长专业化发展成为热点问题；三是学校管理的开放性加强。学校不再是封闭式办学，而是通过整合社区、家长等社会资源共同为教育教学服务。

【履职建议】

(1)明确专业知识学习的重要性，加强管理理论与实践的学习。

---

① 冯大鸣：《美、英、澳教育领导理论十年(1993—2002)进展述要》，载《教育研究》，2004年第3期。

② 陈如平：《现代学校制度的基本特性》，载《人民教育》，2004年第21期。

③ 张新平：《新世纪国外教育管理学理论的发展趋势》，载《比较教育研究》，2004年第3期。

我国的《义务教育学校校长专业标准》对校长应掌握的专业知识与方法进行了明确规定。美国的《学校领导标准》①和英国的《国家校长标准》(NSH)②包含了政府对新世纪的中小学校长的素质要求。校长要时刻意识到学习专业知识的重要性，不断学习教育学、心理学和管理学等相关理论知识。

(2)做一名研究型校长，注重相关理论的思考、研究以改进学校管理。

校长还要做一名研究型校长。教育理论是庞杂的，教育实践更是千变万化的，要切实做到理论联系实际，将所学理论运用于改进学校管理，需要校长潜下心来办教育，要有研究的精神和耐力。校长要做到这一点就要有自己经过思考和研究后的价值判断，将学校管理理论更好地运用于学校发展与改进。

【案例分析】

案例5-5：北京理工大学附属中学的学校组织变革③

北京理工大学附属中学为了配合初中数学"轻负高效"教学方式和语文"人文奠基"教学新模式的探究，进行了学校管理组织变革，具体内容有如下几点：

第一，调整学校组织管理结构。打破原有的科层制结构，开始施行矩阵结构管理，根据组织职能，精简、重组各组织部门，减少管理层级(如图5-1所示)。

第二，简化教学管理层级。实行校长面向学科组，学科组对本学科教学负责的教学管理制度，原有的中间环节被取消。

第三，明确、加强学科组和备课组的管理职能。明确了学科主任和备课组长的责任与权力，增加了学科组和备课组的自主管理权。学科主任负责本学科的课程建设、教师培养、教研文化建设等方面的工作，此外全面负责本学科各年级的教学工作，完成学校制定的学科教学目标。备课组长负责组织、

———————————

① 李延成：《美国制订〈学校领导标准〉促进领导专业发展》，载《外国中小学教育》，2001年第6期。

② 冯大鸣、[美]托姆林森：《21世纪对校长的新要求——与英国利兹都市大学托姆林森教授的对话》，载《教学与管理》，2001年第19期。

③ 本案例改编自王铮、李明新等：《学校组织变革实践：校长的探索》，北京：教育科学出版社2013年版，第38～39页。

领导和管理本备课组的教学与教研工作，做好本学段的教学安排、组织集体备课并对本学科教学质量负责。

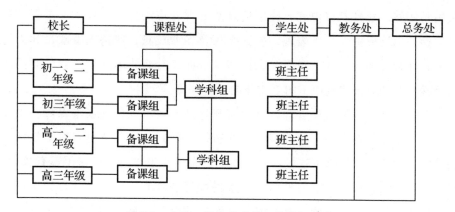

图 5-1　北理工附中教育组织结构矩阵图

分析：

北京理工大学附属中学的组织变革一方面通过精简学校组织部门，优化组织结构，改变等级森严的行政命令式管理，减少管理层级，促使学校管理重心下移，增强组织的灵活性，构建上下互动的、自主的、民主的管理结构，提高管理工作的效能，为教师转变教学方式创造条件和氛围；另一方面通过完善教学管理组织的职能，规范、引领教学方式的转变，满足教师对自身专业自主权的要求，满足新的教学方式对教学管理组织工作提出的要求，促进教学方式和组织变革的同步推进。从中可以看出，校长具备较高的管理理论素养和管理水平，在做好管理组织结构变革的同时，服务了教育教学中心工作的需要。

46. 熟悉学校人事财务、资产后勤、校园网络、安全保卫与卫生健康等管理实务。

【要点解读】

一般来讲，学校的内部管理涉及六大领域，人事、财务、资产、时间、空间和信息。作为学校的"第一责任人"和"首席管理者"，校长必须熟悉学校的内部管理实务的领域和内容，做好人事、财务、资产后勤、校园网络、安全保卫与卫生健康等的管理。

人事管理是学校内部管理的第一要务。主要包括，教职工选聘的条件、程序与组织，教职工薪酬体系，教职工职业生涯发展，教职工的晋升、考评、激励与调整，学校人事信息、岗位信息的处理和应用等。有效的人事管理途径包括：识别模仿性行为表现；鼓励个人及专业成长；保持人事政策和规章的一致性和公平性，并在需要时做出调整；保证有必要的人事资源以满足组织目标；定期对指定教职工的工作业绩进行评价等。①

财务管理和资产后勤管理，是学校开展其他各项工作的基本保障。主要包括，对学校经费来源、预算编制和执行以及使用决算的管理；对学校建筑的管理，如筹划学校基本建设项目、组织校舍维修工作及合理使用现有校舍；对学校设备的管理，如室内外固定设备的配置和维修工作；对学校教学用品和办公用品的管理等。校长要组织制订学校的财务预算方案和学校设备设施的使用方案，不断提高资金和设备设施的使用效率。

校园网络是实现学校内部管理信息化、现代化的重要保证。它是利用现代网络技术、多媒体技术及互联网技术等为基础建立起来的，保证学校（以及校区之间）每个教室、办公室、实验室、计算机房、电子阅览室以及学生活动室等之间互联互通，并实现对外沟通交流，为学校的教育教学、管理服务、信息交流和通信来往等提供综合服务的网络应用环境。校园网络的建设管理，主要涉及城域网接入、校园网络布线、网络交换设备、服务器等方面的配置与利用等。在当下的"大数据时代"和"自媒体时代"，校长既要高度重视校园网络的"知识管理"和"智慧共享"的平台价值，更应高度关注校园网络的舆情监控和舆情应对，确保建设好、维护好、驾驭好校园网络的正能量、正效应。

安全保卫和卫生健康是学校一切工作的先决条件。学校安全卫生管理主要涉及：学校门口的交通安全管理，学生课间安全管理，学生集体活动安全管理，课堂安全管理，学生体育活动安全管理，校舍安全管理，学校消防安全管理，学校食品卫生和就餐安全管理等。校园安全和卫生管理既包括事先的防备和防护，也包括事后的应对和处理，要注意寻求其中的必然性因素，加强预测评估。

---

① ［美］塞弗思（Seyfarth, J. T.）：《有效学校的人力资源管理（第四版）》，原亮，等译，北京：中国轻工业出版社 2006 年版，第 167 页。

【履职建议】

学校内部管理实务复杂、琐碎，牵一发而动全身，不可忽视。为确保各项管理实务的严谨规范、有序顺畅，校长应着力抓好"层级性管理"和"预见性管理"。

(1)明确管理分工。

要依据"责权统一"的原则，把校长的责任和权力实施分解，下放并渗透到各个管理层中，真正做到"重心下移"，才能使层级中每一个机构、每一有关成员，明确应有的责任，清楚手中的权力，才知道要做什么，能做什么。

(2)优化层级管理。

要本着科学、合理、快捷、有效的原则，增强层级中各机构工作的独立性、直接性、主动性、创新性和合作性，促进层级管理机制协调、平稳、高效运作。

提高"上情下达、下情上传"的效率，增强学校工作的执行力，缩短信息交流反馈的通道，以适应新时期学校管理开放性、多样性、选择性、灵活性的客观要求。

(3)关注危机管理。

树立战略性眼光，加强内部管理的预见性和前瞻性，增强学校危机意识，制订学校危机管理计划，配套专用、能用而充分的设备设施，开展有序的危机应对专业演练，建立健全"事先预防型"学校危机管理机制。①

【示例分析】

案例 5-6：校园安全有备无患②

四川安县桑枣中学，是一所初级中学，在绵阳周边非常有名。学校因教学质量高，连续 13 年都是全县中考第一名，周围家长都拼命把孩子往里送。学生最多的班，有 80 多名学生。校长叶志平常说，"我们的一切努力都是为了追求更美好的生活"，他更是一如既往把学生的安全放在心上。

学校所有办公室、教室都是水泥地板。叶校长说："这样既节约了成本，

---

① 许苏、李霞：《教育领导案例及评析》，北京：北京大学出版社 2010 年版，第 168 页。

② 本案例改编自朱玉、万一、刘红灿：《一个灾区农村中学校长的避险意识》，《新华网·新华视点》，2008 年 5 月 24 日。

学生娃在上面蹦蹦跳跳也不会摔倒。"花费 17 万元盖的实验教学楼，维修固楼耗资 40 万元。而且从 2005 年开始，叶校长每学期都要组织一次全校师生紧急疏散演练。事先告知学生，本周有演习，但学生不知道具体是哪一天。演练时每个班级的疏散路线都是划定好的，在每个班级内，前四排学生走教室前门、后四排学生走后门也是规定好的。刚开始搞紧急疏散时，学生当是娱乐，半大孩子除了觉得好玩外，还认为多此一举，有反对意见，但他坚持。后来，学生老师都习惯了，每次疏散都井然有序。

2008 年"5·12"地震那天，叶校长因公务不在校。可是学生们正是按着平时学校要求熟练疏散。由于锲而不舍的校舍加固以及安全警示教育和演练，地震发生后，全校师生(2200 多名学生，上百名老师)从不同的教学楼和不同的教室中，全部冲到操场，以班级为组织站好，安然无恙，用时 1 分 36 秒。正因为如此，叶志平被网友称为"史上最牛校长"。

······

分析：

校园安全无小事。夯实基础，未雨绸缪，是做好校园安全工作预案、有效应对突发事件的重要举措。正是因为叶志平校长拥有强烈的危机管理意识并一如既往地把学生的安全放在心上，也正是因为学校在基础建设做得实、在安全预案上做得细、在应急演练上做得专，才创造了四川安县桑枣中学的奇迹。学校的其他内部管理，也理应如此。有远见的管理，更有序；有预防的应对，更从容。

三、专业能力与行为

47. 形成学校领导班子的凝聚力，认真听取党组织对学校重大决策的意见，充分发挥党组织的政治核心作用。

【要点解读】

凝聚力，表示一个群体内部人与人之间关系的紧密程度和协同效果。学校领导班子的凝聚力，就是指吸引学校领导班子内各个成员为实现共同目标而紧密团结起来的一种合力①。校长是学校的法人代表，是学校领导班子建设的第一责任人，应善于通过多种途径不断增强领导班子的凝聚力。学校的领导班子只有具有强大的凝聚力，才能产生足够的影响力、号召力、带动力，才能实施科学、正确、有效的领导并优化内部管理，才能带领全体教职工实现学校的发展愿景。

校长应积极促进党政和谐，充分听取党组织对学校重大决策的意见，尊重并支持党组织在贯彻党的教育方针、实施素质教育、围绕学校教育改革与发展的中心工作中发挥政治核心作用。

具体来讲，学校党组织的政治核心作用主要体现在以下 10 个方面：坚持社会主义办学方向，坚定不移地贯彻以改革促发展、以发展求稳定、在发展中深化改革的工作方针，保证学校的安定团结与政治稳定；坚持党管干部和党管人才的原则，协助上级干部主管部门做好学校领导干部的培养、教育、管理和监督工作，协助校长积极推进本单位干部人事制度改革，实行中层以上干部公开选拔和竞争上岗；参与学校重大问题决策，对涉及学校发展方向性、长远性、全局性的重大决策、重要干部任免、重要项目安排和大额度资金使用（即"三重一大"）事项，按照重大问题决策的议事规则和决策程序参与决策，保证决策的民主性与科学性；围绕学校教育教学中心开展党建工作，不断增强党的创造力、凝聚力和战斗力，不断提高党员素质，履行党员义务，保障党员权利，充分发挥共产党员先锋模范作用；支持校长负责制的管理体制，为完成学校各项任务提供坚强的政治保证、思想保证和组织保证；全心全意依靠教职工办好学校，支持教职工代表大会开展工作；加强基层党组织的自身五大建设；领导思想政治工作和精神文明建设；领导学校工会、共青团等群众组织工作；全面贯彻党的知识分子政策、民族政策、宗教政策，做好统一战线工作等。

【履职建议】

优化内部管理的过程，是一个统一团体思想、凝聚团队力量、掌控群体智慧的过程。校长应善于通过"理论武装""愿景引导""人格感召"以及"情感融

---

① 李浩：《关于增强领导班子凝聚力的思考》，载《山东行政学院学报》，2003 年第 5 期。

通"等途径，全心全力推动"党政和谐"，不断增强领导班子的凝聚力，并充分尊重和大力支持学校党组织发挥政治核心作用。

（1）理论武装。

学习提高认识，学习促进共识。推动理论学习，提高理论素养，是增强学校领导班子凝聚力的重要前提和保证。学习理念上，要强调主体性，倡导自主学习、互动学习和行动学习等；学习内容上，要强调系统性，关注政治理论、管理理论与教育理论等；学习方式上，要强调灵活性，采取读书学习、实践学习、网络学习和进修学习等；学习效果上，要强调发展性，实现观念优化、理论提升、能力加强与实践改善；学习机制上，要强调协同性，要推动资源共享、智慧共享和成果共享，积极创建学习共同体。

（2）愿景引导。

有吸引力、有价值、能够达到并被广泛分享的未来愿景能够激发组织成员对卓越表现和长期成功的追求。确立并达成学校发展的共同愿景，既考量着、更增强着学校领导班子的凝聚力。在厘清、确立学校愿景的过程中，校长要尊重并发挥领导班子成员的个体智慧和群体智能，准确地把握背景、分析现状、选定方向、锁定目标、构建框架。这种来自群体智能、契合成员内心的共同愿景，拥有强大的驱动力，有助于推动领导班子成员融入"完美的群体"[1]，进而利用群体智慧和协作思维的超群力量，为共同愿景的实现而努力奋斗。

（3）人格感召。

人格是一系列交织在一起的想法和社会美德，包括道德、伦理、忠实和人的价值观。校长的人格魅力，就是校长的性格、气质、品行等方面令人敬佩、让人信服、使人向善的力量，是凝聚学校领导班子的核心动力。对于领导班子来说，校长应成为"人格树立者"[2]，以自己的正直、可靠、慷慨、谦逊、受尊重和值得信赖的价值观、言行，感召、影响带动着全体班子成员，合力前行。

---

[1] ［美］兰·费雪：《完美的群体：如何掌控群体智慧的力量》，邓豆豆，译，杭州：浙江人民出版社 2013 年版，第 229 页。

[2] ［美］伊兰·K.麦克依万：《高绩效校长的 10 大特质：从优秀走向卓越》，吴岩，等译，重庆：重庆大学出版社 2006 年版，第 139 页。

（4）情感融通。

古人说得好，"处人不可任己意，要悉人之情；处事不可任己见，要悉事之理。"①现代管理也十分倡导"情感管理"，特别是在学校这样的以人为核心的组织里。在加强领导班子凝聚力的建设中，校长要有意识地开发和释放自己的"情感智力"②，用真挚的情感、朴素的情怀主动地关注、关心、关怀每一位成员，在彼此尊重、信任的情感融通中，增进了解、增进认同、增进默契、增进合作，促进党政和谐。

【示例分析】

案例 5-7："班子和谐不是和稀泥"③

2006 年，百年名校厦门一中，迎来了一位新校长，从厦门六中调任的周君力。领导班子中，除了党总支书记陈珍、副校长林伟庆外，都可以说是"新人"。周君力自诩是"新人中的新人"，因为其他 4 名校领导都是"老一中"，但他说，这样的心态，有利于向他们学习，传承一中的优良传统。

教育界盛传一句话："一位好校长就意味着一所好学校。"但周君力对此做了修正，他认为，"一个好班子才能成就一所好学校"。一中今天的辉煌，是因为历届校领导苦心经营、提供了"深田沃土"，他们为一中打下坚实的基础，为一中留下巨大的精神财富和物质财富，"我和新的班子成员，很幸运也很幸福地站在他们的肩膀上"。

5 名校领导，有 2 名是特级教师，4 人有高级职称，他们均在教育教学工作中具有突出的业绩，获得"省中小学优秀校长""省劳动模范""省中小学德育工作者""市拔尖人才"等诸多荣誉。其中，还有 3 人在福建师范大学、华侨大学、福建教育学院等高校担任兼职教授。

谈到学校领导班子，周君力最得意的是，"我们很团结，凝聚力很强，大家没有私心杂念，目的很明确，就是合力续写一中的辉煌"，他说，"站在巨

---

① 　许苏、李霞：《教育领导案例及评析》，北京：北京大学出版社 2010 年版，第 142 页。

② 　[英]托姆林森（Harry Tomlinson）：《教育领导力的修炼》，谭军华，等译，北京：中国轻工业出版社 2008 年版，第 25 页。

③ 　本案例改编自：《全面解读厦门一中最近 5 年的 5 个令人惊叹的现象》，奥数网·厦门奥奥网（http//xm.aoshu.com/e/2011103/4eae486d1a746.shtml），2011 年 10 月 31 日。

人的肩膀上挑重担，没有和谐，就谈不上创新和发展"。

一中建有一个"心·舒吧"，这里，经常是班子成员私下沟通、交流的好地方。"有什么事，都摆到桌面上来谈，不闷在肚子里。"周君力说，"团结不是说都没有分歧，和谐不是和稀泥。有时候，大家也都会争得脸红耳赤。但是，彼此不会心存芥蒂。"

分析：

厦门一中的新一届领导班子，在个性开朗、思想开明、决策开放的周君力校长的人格感召、情感融通下，相互尊重、相互信任、相互学习，极富凝聚力、感召力和战斗力，实现了党政和谐，促进了政通人和，进而不断续写和创造了厦门一中在历史点上的新辉煌、新奇迹、新经验！

48. 尊重和支持教职工代表大会参与学校管理的民主权利，定期向教职工代表大会报告工作，实行校务会议等管理制度。

【要点解读】

中小学实行校长负责制，必须建立健全党组织领导下的以教师为主体的教职工代表大会（以下简称"教代会"）制度，加强学校的民主管理和民主监督。

教代会制度是学校管理体制的重要组成部分，是学校实行民主管理的基本制度和基本形式，是教职工行使当家做主的民主管理权力的机构，是促进学校决策科学化、民主化的重要渠道，是学校实行校务公开的主要载体。

教代会应正确行使四项职权：一是"审议建议权"，即在对学校提出的规划、制度、报告、方案等进行审议的基础上有提出意见和建议的权力，如听取、讨论校长的工作报告，审议学校的办学方针、发展规划、学年工作计划、年度财务工作报告、教育教学和管理制度、师资队伍建设规划、学校重要经费使用、基础建设和自筹资金使用以及其他有关学校重大改革方案或措施等；二是"审议通过权"，即在对学校提出的工作方案、制度进行审议的基础上，享有表决通过的权力，如教职工聘任合同制，校内结构工资制实施方案，学校岗位设置、职务聘任方案，教师职业道德规范实施方案，教职工管理制度，工资奖金分配方案、奖励晋升条例以及其他与教职工权益有关的重要规章制度等；三是"审议决定权"，即在对学校提出的有关教职工生活福利的重大事项方案进行审议的基础上，享有做出决定的权力；四是"评议监督权"，即教职工代表对学校领导干部的德、知、能、绩方面进行评议和监督的职权。

校长要树立依靠教职工办好学校的思想，尊重教代会参与民主管理、民主监督的权利，认真对待教代会的决议和提案，维护并保障教职工的合法权益；要定期向教代会报告工作，听取意见，接受评议，自觉接受教代会的监督；要为召开教代会提供经费支持；要按照有关规定实行校务公开。

学校重大问题的决策要按照议事规则和程序进行，重大问题要经过校务会议讨论后作出决策。校务会议成员为校长、党支部（总支）书记、副校长、副书记和工会主席等。校务会议由校长主持，并负责决策。

【履职建议】

建立健全教代会制度是学校基层党组织、校长和工会的共同责任。作为校长，在尊重学校教代会职能地位、支持学校教代会建设的过程中，应着力做好以下工作。

（1）提高思想认识，提供条件保证。

《国家中长期教育改革和发展规划纲要（2010—2020年）》提出："适应中国国情和时代要求，建设依法办学、自主管理、民主监督、社会参与的现代学校制度"。在不断推进教育现代化的进程中，进一步健全和完善教代会制度是现代学校制度建设的一项重要任务。

为此，校长首先要尊重和支持教代会依法行使"审议建议权""审议通过权""审议决定权"和"评议监督权"等四项基本职权，努力为教代会开展工作提供必要的条件。与此同时，要支持配合学校党组织切实加强对教代会工作的领导，把教代会工作纳入党组织重要议事日程，把教代会制度的执行情况纳入学校党组织建设目标管理和依法治校工作之中，做到一起部署、一起检查、一起考核。

（2）把握关键环节，协助促进规范。

教代会的规范化运作，是教代会依法履职的根本保证。校长要在人力资源、时间协调、经费保证等方面做出努力，协助党组织在如下领域和环节推进教代会建设的规范深化：一是健全学校教代会的相关组织机构，并保证人员的责权利匹配；二是完善学校教代会实施细则，健全具有较强操作性的教代会工作制度；三是按时召开教代会，按时换届改选；四是严格执行教代会的各项程序，规范教代会的筹备、召开及闭会期间的工作；五是注重发挥教代会闭会期间代表的作用，建立学校民主管理联席会议制度、教代会代表恳谈和合理化建议制度、教代会代表听证质询制度、教代会代表定期巡视调研制度等。①

【示例分析】

案例 5-8：清华附中第九届教职工代表暨工会会员大会概览②

2013 年 12 月 12 日，清华附中第九届教职工代表暨工会会员大会开幕。全体教职工代表及工会会员约 370 人参加大会，大会由党委书记方妍主持。

校长王殿军在大会上作学校工作报告，全面总结了学校在 2013 年度方方面面工作取得的成绩，重点梳理了学校未来一段时期的发展战略，号召全体教职工为肩负起人才培养体制改革的使命继续奋斗。党委副书记、上届工会主席张洁作工会工作报告，全面回顾了三年来工会服务学校发展大局，服务教职工工作生活的各项工作。教代会提案组组长徐文兵作第八届教代会第三次大会提案、建议的答复报告。

大会之后，各教代会代表小组、工会小组分别审议了学校工作报告、工会工作报告，并结合学校内涵发展的中心问题和自身工作实际，讨论产生新的提案、建议，同时进行新一届工会委员候选人的第二轮酝酿。在之后的一个月时间里，教代会代表们通过广泛征求教职工意见，向大会提交新一届教代会提案或建议。

2014 年 1 月 18 日下午，历时一个多月的清华附中第九届教职工代表暨工会会员大会举行闭幕式。清华大学工会常务副主席李淑红出席，校长王殿军做大会总结发言，全体教职工参加会议。会议由党委书记方妍主持。

大会首先进行新一届工会委员选举。11 名正式候选人经前期全校范围内"两上两下"酝酿推荐产生。最终由全体工会会员现场投票选举出由 9 名委员

① 常州市教育工会：《我市中小学教代会制度建设现状分析与对策思考》，常州教育·教育概览(http://ww.czedu.gov.cn/disp_5_336_10056849.shtml)，2012 年 3 月 2 日。

② 本案例改编自：《清华附中第九届教职工代表暨工会会员大会开(闭)幕》，清华大学附属中学网·新闻动态，2013 年 12 月 12 日，2014 年 1 月 18 日。

组成的新一届工会委员会。

投票结束后，提案组组长徐文兵向大会汇报了新的提案及建议情况。自本届教代会开幕以来，全校教师通过教代会小组、工会小组讨论并提出提案4条，建议32条。提案、建议涉及学校教育、教学、管理等全面工作，既从教育变革的宏观角度，又从学科教学、后勤管理等具体工作提出改进学校发展的有效意见。

王殿军校长在总结发言时对提案和建议中教师关切的问题作了初步回应，提案、建议将由学校各部门在新学期改进，并在下一次大会开幕时进行答复。王殿军校长重点分析了以高考改革为重心的教育改革方向，以及高考的新变化将对学校教育产生的全面深刻的影响。他号召全体教职工积极应对新的变革和挑战。

最后，李淑红副主席致辞，对清华附中新一届工会委员的当选表示热烈的祝贺，她充分肯定了清华附中工会的工作成绩：清华附中工会在清华大学工会的评比中连续7年获得"优秀分工会"称号，今年更获得了"北京市优秀工会之家"荣誉称号。她强调，附中工会今后要在工会十六大精神的指导下，继续加强工作研究，团结全体教职工继续齐心协力，奋发向上，共同建设和谐温馨的教职工之家，共同为学校发展而努力。

分析：

从本次教代会的届次、人员、历时、程序、内容、组织及效果可以看出，清华附中校长和学校领导班子充分尊重教代会民主管理、民主监督的权利，高度重视教代会的组织建设、能力建设和制度建设。教代会组织机构健全，人员责任明晰，运作程序规范，既有发展历史，又有条件保障，更有成熟机制，形成了党政工共同负责、齐抓共管的良性循环和健康格局，取得了民主管理与科学管理互促共融的协同效应。

49.建立健全学校人事、财务、资产管理等规章制度，提高学校管理规范化水平，不得违反国家规定收取费用，不得以向学生推销或者变相推销商品、服务等方式谋取利益。

【要点解读】

本条文从依法治校的角度审视，强调的是执法问题。以健全的学校人事、财务、资产管理等制度为有法可依的前提，依法治校还要求有法必依、执法必严，即要提高学校管理规范化水平，杜绝违法犯罪事件的发生。

学校管理规范化是从学校系统的整体出发，对教育教学的各个环节制定制度、规程、指标等标准（规范），并严格地实施这些规范，以使学校统一协调运转，进而实现办学者办学目标的系列活动。学校管理的规范化，是一种管理理念，也是一套规则，目的是改变我国中小学学校管理中的随意性，避免因学校管理的随意性所造成的各个学校各行其是、唯主要领导个人意志为重的学校管理的混乱局面。

学校管理规范化的特点一是全面性，规范化管理的内容涉及学校系统的各个方面。二是稳定性，一旦形成规范，在一定时段内将保持稳定，不宜随便更改。三是发展性，规范一定要与时俱进，进行扬弃。

学校管理规范化的主要分类：（1）从学校发展的角度，可分为决策规范化管理、执行规范化管理和评价规范化管理。（2）从行政管理的角度，可分为德育规范化管理、教学规范化管理和后勤规范化管理。（3）从教与学的关系，可分为教学规范化管理和学习规范化管理。（4）从教学的主客体关系，可分为教师规范化管理和学生规范化管理。（5）从大教育的角度来看，社区教育规范化管理和家庭教育规范化管理也是学校规范化管理不可缺少的重要组成部分。①

学校管理规范化是学校现代化必由之路，是学校现代化的前提。由于学校的管理对象主要是人，因此管理的规范化主要指向将管理纳入统一的框架体系当中，同时包容个性并给予个性的施展以一个广阔的空间。

对于校长来说，学校规范化管理的实质是制定学校管理制度（制定规范）；执行学校管理制度（执行规范）。

在学校管理规范化内容中，由于学校人事、财务、资产等管理内容涉及教职工及学校的切身利益，同时牵涉的领域知识又具有一定的专业性，因此校长加强这些方面的规范化管理是非常迫切和必要的。

不得违反国家规定收取费用、向学生推销与变相推销商品、服务的行为主要包括：擅自设立收费项目、扩大收费范围、提高收费标准；对未取得《收费许可证》或使用有效日期失效的《收费许可证》进行收费的；对明令取消的收

---

① 摘自《学校规范化管理解读》，百度文库（http://wenku.baidu.com/）。

费项目继续执行的；不按规定对收费项目、收费依据和收费标准进行公示的；不按规定使用财政部门统一监（印）制的收费专用票据的；以各种名义收取与入学挂钩的"择校费""捐资款""赞助款"的；强行向学生提供饮食、保险、体检、校服等服务或订阅教辅资料、报刊并收取相关费用的；违反规定举办各种培训班、补习班、提高班向学生收费等。

【履职建议】

(1)学校制度制定规范化。

规范制度的目的、指导思想、原则、依据及规范制定程序、检验标准。其中，重大的制度制定程序原则上遵循"制订—教代会或教职工大会民主讨论认可—实施—总结、调整、修改和完善"的流程。

(2)学校制度执行规范化。

实行学校管理制度，要做到"实、细、公"。

实，即落实。主要依据过程中的目标管理、量化管理和激励管理予以落实。

细，即细致与细心。在实行学校管理制度中，要落实到每个细节，不能搞"大概""差不多"，实际工作中学校可以确定每月每周重点，确定一项落实一项。同时，在严格实行制度过程中，不可避免会引起个别人员的情绪波动，这需要管理者特别是校长要细心观察、细心安抚。

公，即公开、公平、公正。领导要一碗水端平，关键是管好亲属、"爱将"、亲近之人，只有管好身边人，才能管好手下兵。"多米诺骨牌效应"值得警惕。

(3)校长要洁身自好，依法管理学校事务，不做违法乱纪的行为。

校长要依法执行各项规章制度，不得违背法律法规及政策文件的相关要求。几种常见的教育行政管理人员的犯罪行为主要包括：教育设施重大责任事故罪、玩忽职守罪、贪污罪、挪用公款罪、受贿罪、非法剥夺人身自由罪、招收学生舞弊罪等。

【示例分析】

案例 5-9：浙江省平阳县昆阳镇第二中学的财务管理[①]

昆阳二中在学校财务管理上发扬艰苦奋斗、勤俭节约的优良传统，走出

---

① 本案例改编自杨少春：《名校行政管理细节力》，重庆：西南师范大学出版社 2009 年版，第 55 页。

了一条规范管理之路。

学校制定《昆阳二中财务管理制度》，以规范学校的财务收支行为。

在财务预算上，学校要求每年12月份制订出下一年财务开支预算，每学期开学再视其收入具体修订预算表；要求出常规开支以外的大额经费开支，应写书面报告交于校长，并在校长办公会上研究同意后，才能纳入预算内开支；要求每年的开支不得超过当年的收入，不得私自开支经费，计划外的开支未经校办会批准，不予报销等。

在财务审批上，学校制定了统一审批制度，实行校长"一支笔"审批。对于不合理的开支和未经审批的开支，出纳不得付款，会计也不得入账并及时向学校领导反映。

在各类费用报销上，学校举办大型活动确需经费需经分管领导拟出报告，经校办会研究同意并决定其总金额方能开支。对外活动接待费，则要按学校制度规定由校长同意，并确定接待标准、参陪人员、就餐地点后方能就餐。就餐结束时由经办人当面结账并签字，报销时附件附后。若有先斩后奏，一律不予报销。

在添置办公用具、设备的费用管理上，学校要求填写申请购置表，总务处根据学校经费计划权衡报批，再由总务处实施。购买的物品一律到物品保管处登记造册。

在固定资产管理上，学校建立固定资产明细账，并定期清查，做到账物相符。对于丢失、毁损的查明原因，由责任人照价赔偿。规定资产的报废变卖，100元以内由后勤主任把关处理，超过100元的，必须报学校研究同意后方能变卖或报废。不得私自外借公物。

在民主理财方面，成立以教职工代表为主，有关领导参加的民主管理领导小组，成员由教职工选举产生，并由学校委派。民主管理小组有权监督财务的实施情况，有权对资金的使用、预算执行和决算编制情况进行检查，有权检查现金、存款、固定资产和会计项目等。

另外学校还对会计报表、财务审计等方面都制定了切实可行的管理和监督制度。

分析：

浙江省平阳县昆阳二中有效财务管理的措施是：科学合理地编制学校预

算，并对预算执行过程进行控制和管理；合理配置学校资源，努力节约资金，提高资金使用效益；对学校各项经济活动的合法性、合理性进行监督；建立健全学校财务管理制度，规范校内经济秩序。

昆阳二中的实践带来这样的启示：学校财务管理工作不仅是一个收账、记账的问题，也包含了影响学校发展的诸多问题。如果一个学校不能在财务管理中走管理规范化道路，教职工利益得不到保障，不法之徒中饱私囊，学校将陷入混乱。同样道理，上文涉及的学校各领域管理必须走规范化管理的道路，这是学校长远稳健发展的前提，是学校走向现代化的必由之路。

50. 努力打造平安校园，建立和完善学校各种应急管理机制，定期实施安全演练，正确应对和妥善处置学校突发事件。

【要点解读】

此标准的核心词是平安校园，通过应急管理机制、安全演练、突发事件应对等途径来落实平安校园的建设，从文本来看主要指向平安校园内涵中的学校安全，因此对本标准中隐含的学校安全作要点解读。

学校安全是指在学校的职责范围内，不发生学生和教职工伤害和财产损失的事故。一般来说，学校安全包括狭义和广义的理解。狭义上的学校安全就是指不发生在学校内或与学校直接相关的地点和场所的伤害性事件。广义上的学校安全除指身体上的安全外，更强调心理上的安全。在学校里教师和学生可以安心并愉快地学习和工作，个人的财产和学校的财产都不易被盗窃、破坏和损害，教学和学校的其他事件不会被破坏或打乱；学生和教师之间相互尊重，按照促使更加有效的教学和学习的方式行事。[1] 虽然此标准取狭义学校安全，但作为校长也应有此观念。

近年来学校伤害事故频发，有专家根据 1999 年"安康计划"统计青少年伤害事件的数据比喻说——我国中小学生每天因为意外死亡的人数相当于每天消失一个班！北师大的一项研究表明一半的教师所在学校近两年发生过学校

---

① ［美］杜克（Daniel L Duke）：《创建安全的学校——学校安全工作指南》，唐颖、杨志华，译，北京：中国轻工业出版社 2005 年版，第 5 页。

事故，有 5.5% 的学生曾经在学校受过重伤。[①]

学校安全成为社会注目的焦点。教育部部长袁贵仁提到："生命不保，何谈教育。"一旦发生严重的安全事故，就会给我们的社会、学校、家庭带来深重的灾难。安全问题使学校倍感压力，使教师如履薄冰，影响孩子的未来。因此校长要在整个世界和社会都重视安全威胁的今天，提高对安全问题认识的地位，加强校园安全应急管理，做好校园突发事件应对。

学校突发事件是指突然发生、造成严重危害、需要采取应急处置措施予以应对的自然灾害、公共卫生事件和校园安全事件等。突发事件强调事件发生时间出乎意料，而且有一定的偶然性。[②]

一般来说，学校突发事件包括以下几类。

一是自然灾害事件，如地震、洪水、台风等；二是社会灾害事件，包括火灾、漏电事故、建筑事故、社会动乱等；三是卫生灾害事件，包括传染病流行、食物中毒、其他中毒事件等；四是校园暴力事件，包括恐吓、群体性暴力、校园动乱以及意外伤害事故等；五是信息网络事故，包括网络攻击、网络窃密、网络色情、网络暴力，等等。

打造平安校园，确保学校安全，校长要遵循以下原则：安全第一原则、珍惜生命原则、预防为主原则、科学性原则、协调治理原则、以人为本原则、分层负责原则。

【履职建议】

（1）健全学校安全预防体系。

确立学校安全事故预防的重要地位；明确学校安全事故防范的手段，即人防、物防和技防；建立学校安全组织；明确学校安全职责，包括校长、学校各处室及其工作人员、教职工安全职责；制定学校安全制度，包括门卫制度、校内安全定期检查制度、消防安全制度、水电气安全管理制度、食堂卫生制度、实验室管理制度、卫生保健制度、学生安全信息通报制度、住宿学

---

① 劳凯声、孙云晓：《新焦点——当代中国少年儿童人身伤害研究报告》，北京：北京师范大学出版社 2002 年版，第 7 页。

② 鞠玉翠、王佳佳：《中学危机管理实务》，北京：中国轻工业出版社 2009 年版，第 3 页。

生安全管理制度、校车管理制度、安全工作档案制度、教学安全制度、大型集体活动安全制度、体育活动安全制度、上下学与家长的交接制度等；确定学校安全检查机制，包括定期、日常、季节性、节假日前后、专项、综合、家长安全检查；进行学校安全教育。

(2)健全学校安全应急体系。

安全应急体系是指学校针对有可能发生的学校突发事故，提前建立的应对系统。确立不同层次的学校安全预警，安全预警包括危险源检测、危险识别、警源分析、警级评估、警情汇报与发布五个环节；制定学校安全应急预案，学校预案一般分为综合预案、专项预案、现场预案和临时活动预案。应急预案的原则是以人为本、居安思危，预防为主、统一领导，分级负责、依法规范，加强管理、快速反应，协同应对、依靠科技，提高素质；开展学校安全应急演练。

(3)健全学校安全恢复体系，即正确应对和妥善处置学校突发事件。

安全恢复体系就是学校在事故发生以后通过科学、有效的处理，将事故所造成的负面影响降到最小，同时使学校的教育教学恢复到事发前状态的安全管理体系。主要做好如下环节工作：证据收集，调查取证应当及时、合法、严谨；做好心理安抚工作，避免自伤或伤及他人，恢复心理平衡与动力；做好媒体应对，主要包括及时分析问题，选择应对姿态，选择信息公布的途径方式，指定发言人与媒体进行沟通，媒体采访前要事先认真准备，及时行动如展开心理辅导、整改措施、相关责任人处分、问题补救等，尊重学生，尊重媒体；做好法律救济；做好保险索赔等工作。

【示例分析】

案例 5-10：中学车祸事件的公关管理①

2004 年 3 月 28 日晚，江苏某中学的校车在春游回城途中发生了重大交通事故，造成了 2 名老师和 6 名学生死亡，22 名学生严重受伤。事故发生后，当地政府领导、教育局领导、学校领导高度重视，主要领导在第一时间赶赴事故现场，全力以赴组织指挥抢救。同时，迅速成立了由公安、教育、卫生、

---

① 本案例改编自鞠玉翠、王佳佳：《中学危机管理实务》，北京：中国轻工业出版社 2009 年版，第 197 页。

安监、民政及学校主要负责人组成的工作小组，全力以赴展开事故善后事宜处理。

事故原因经查明是春游大巴司机因超速行驶和采取措施不当造成的，负有主要事故责任，依法追究其刑事责任。该中学的校长引咎辞职，负责此次春游的副校长也被停职。

事件中各方表现如下：

学校："面对突如其来的灾难，我们团结一心，共渡难关"，这是在正对学校校门的大楼入口处的电子显示牌上的两行字，该中学在处理此事件的态度上始终保持冷静、低调，以维护学校正常的教学秩序为重。由于学校所有校领导、办公室行政人员全部外出处理善后工作，因此学校临时调派了一位老师负责学校的一些日常事务，同时接待记者的采访。

该负责老师表示，学生多少受到了此次事故的影响，但并没有出现普遍的情绪波动。因为学校迅速采取了稳定学生情绪的措施，学校安排有关领导与老师和事故中目睹血腥和凄惨镜头的学生谈心，并邀请多位心理学专家对这些学生进行心理辅导和疏通，为在校学生开设专题辅导讲座，将发生车祸班级的学生分插入其他各个班级，以保证他们的情绪不会相互影响。同时，也让他们感受到来自更多同学的温暖，回复到安心正常的学习和生活状态中去。

此外，负责老师还表示，学校在组织此次春游活动前，所有的环节都有详细的计划，而且是根据前不久当地教育局专门出台的关于组织春游的细则严密制订的，该学校所有的措施都符合该细则。因此，此次交通事故属于意外，但是他们还是会认真严肃反省，从这次惨痛的事故中吸取教训。只要组织严密规范，并不惧怕再次组织学生春游。

学生与家长：对于该事故的发生，许多家长表示这纯属意外，并对发生不幸的家庭表示同情。

学生们对于事故的反响更为直接和强烈些。在事故发生后的 3 小时内，大部分的受伤学生都在当地的两所市级医院内接受抢救和治疗。在事故发生后的恢复过渡期，该中学的一名男生写了一封公开信，贴在教室后墙的黑板上，鼓励大家振作起来，"对未来充满信心，为自己骄傲，也为某某班骄傲，我永远爱你们。"在该中学的学校门前则贴着另一封公开信，鼓励学生和老师们坚强地昂起头，"从现在起珍惜生命，活出我们的精彩。"

政府部门：高度重视，做出明确指示，要求全力做好抢救和事故处理工作。同时，江苏省教育厅也颁布了紧急通知，要求各地各学校要强化学校安全责任制，各学校原则上不组织师生集体异地春游、秋游活动，对于自行组织的，普遍开展安全教育，强化安全防卫意识，尽量不参加有可能危及人身安全的活动……

媒体：媒体在对此次重大学校春游交通事故的报道上，多次转引了学校的官方正面信息。该中学在事件处理的中后期冷静、低调地接受了媒体的采访，并随着突发事态的处理进程撰写新闻稿，发布在自己学校的官方网站，或直接提供给权威媒体予以发表。因此，从事故发生到善后处理的整个过程，媒体报道对于学校的突发事件处理持肯定的态度。

公众：鉴于学校前期的良好形象，及在处理此次车祸事故的过程中，反应速度很快，并且和政府及社会相关部门配合协作，基本做好了学校师生安抚的善后工作，因此，并没有引起不满情绪和争议。

分析：

就学校突发事件应对管理的基本框架来评价该案例，学校的公关管理是较为成功的。第一，学校在日常媒体沟通方面做得比较到位，建有自己的官方门户网站，并且已经在公众心目中享有一定的美誉度，拥有不错的公众舆论基础；第二，在突发事件处理中，学校也冷静积极地应对各方媒体。由于反应及时，因此并没有造成太多的负面新闻，同时学校随时发布关于突发事件的处理信息，基本占据了媒体沟通的主动权，成为媒体信息的主要来源；第三，虽然学校校长并没有出面，但负责接待记者的老师在接受采访时，坦然告知记者目前学校的状况，记者的观察也证明一切属实，学校正在做积极的善后工作；第四，在突发事件恢复阶段，学校与媒体有良好的后续沟通，学校除了将所做的恢复工作撰写成新闻稿转发给权威媒体，还提供相应的图片配合媒体报道，并友善接受了记者的后续报道；第五，学校在车祸事故发生后，提出了口号和发表了公开信，师生在面对媒体时都表现出了积极的态度，有利于媒体正面宣传；第六，学校除了调动校内的公共关系资源外，还得到了政府领导的重视，也调动了社会组织及力量的参与和协助。

第六章　调适外部环境①

　　现代学校制度把学校视为一个开放的组织，它不仅关注学校内部的运作过程，而且也重视学校与家长和社会的互动过程。现代学校制度以学生的发展为核心来构建校内制度和校外制度，强调学校利益相关者在制度构建和发展中的作用。本章重点解读学校对外关系应该建设和具备服务社会的功能，秉承合作共赢的原则，探索与外部环境良性互动的交流方式。

一、专业理解与认识

51. 坚持把服务社会(社区)作为学校的重要功能，勇于承担社会责任。

【要点解读】

　　学校作为育人组织对社会(社区)承担的责任有两个层次：一个层次是学校承担为社会培养人才的职责，即"教书育人"；另一个层次是学校利用教育资源为社会提供相应的服务的职责，即"社会服务"。

　　《国家中长期教育改革和发展规划纲要(2010—2020年)》在第一部分总体战略第一章指导思想和工作方针中明确指出：教育要"全面贯彻党的教育方

----

　　① 本章由吕蕾撰写第51、52、53条目，杨晓梦撰写第54条目，谢建华撰写第55、56条目，汪志广撰写第57、58、59、60条目。

针，坚持教育为社会主义现代化建设服务，为人民服务，与生产劳动和社会实践相结合，培养德智体美全面发展的社会主义建设者和接班人。"这是从宏观层面和国家、社会本位出发思考教育的目的，也是学校服务社会的政策依据。管理大师彼得·德鲁克在他的著作《已经发生的未来》中提出这样的观点①：教育必须培养有责任感的公民，培养具有高标准的知识分子，这是社会对教育的要求。德鲁克解读了在知识型社会中，教育必须是美德的教育，教育的目标必须是创造出对美德的向往。学校如果不履行责任，那就不是学校而是"学店"，教育工作者如果不具备社会责任感，那就只能是"教书匠"，而绝不会是教育家。作为当代教育家应该在科教兴国，学生心理健康发展和教育均衡发展方面负起应有的社会责任。②

教育的本质功能是教书育人，但教育还有衍生功能，包括研发功能、实验功能和社区服务功能。③ 学校利用社区教育资源中心的优势，通过开展各类社区教育活动，如开办家长学校为家长普及家庭教育的理念和技巧，举办社区音乐会丰富社区文化生活，带领学生开展社区义务活动为社区需要帮助的老师和弱势群体提供支持等。

【履职建议】

(1)明确学校服务社会的理念，积极承担社会教育的责任。

积极承担学校文化传承的作用。学校校长应该明确学校服务社会，培养有自主发展能力的学生作为核心教育价值观。校长应结合自身学校发展的条件明确学校办学理念，办学目标，对于学校倡导什么、反对什么、发扬什么和批判什么有明确的评判标准，引导全校师生认同学校的价值追求和发展愿景，并通过核心价值观念的传播和践行引领和推动社会文化的发展。

(2)将学校社会服务工作纳入学校发展规划中，保障学校社区服务工作的规范有序实施。

---

① [美]彼得·F. 德鲁克：《已经发生的未来》，许志强，译，北京：东方出版社2009年版，第25页。

② 刘彭芝：《认清学校社会责任的三个坐标》，载《上海教育》，2007年第22期。

③ 陈丽、李希贵等：《学校组织变革研究：校长的视角》，北京：教育科学出版社2013年版，第38页。

学校重视与外部环境的互动与交流，将对外交流和社区服务工作放在学校发展的战略规划中进行设计和实施。包括对外部合作需求的收集和整理、根据学校的服务能力规划社会服务的形式和途径、根据学校发展的阶段和能力水平有效规划社会服务的范围和内容。

(3)利用学校资源服务社区，研究和实施如何发挥文化引领作用和社区服务功能，实现学校与社会的合作共赢。

学校有丰富的教育资源，校长带领学校研究如何与周围社区在合作共赢的原则下发挥学校教育资源的效用最大化。

通过宣传和阐释主流价值观，发挥社区价值观教育的示范和引领作用；通过文化引领培育健康社区文化氛围；通过培养好学生、好家长，树立社区学习的优秀典型；通过举办"家长学校"的方式与家长一起研究家庭教育与学校教育的融合和相互促进的具体措施；通过举办"学校社区联谊活动"加大学校与社区的互动范围，不仅是文化活动，也可以是科研活动与家政活动等，提高学校服务社区生活的品质和水平。

【示例分析】

案例 6-1：担当社会责任的"宏志班"[①]

20 世纪 90 年代，北京市广渠门中学的老校长，作为人大代表的李金海经常走访北京各个学校。贵族学校与贫困山区学校学生的巨大差距激发他办免费高中培养家境困难但品学兼优的学生的想法。1995 年，创办宏志班被提到学校的议事日程上。李金海粗略一算，要负担几十名孩子的食宿，每年至少要 5 万元。当时，学校只有校办工厂有些额外收益，可要用这些钱来办宏志班，老师们的奖金就要少发。老师们能同意吗？在征求意见的全校大会上，李金海心里七上八下。可没想到，他把自己的想法一说，便得到了全体老师一致响应。毕竟都是搞教育的，能让那么多孩子上学，自己吃点儿亏，老师们也乐意。老师们的爱心感动了李金海。说起宏志班的理念："宏图报党恩，志远为国强"。他希望，宏志班的孩子们不但要通过知识改变命运，更要懂得感恩，回报社会。

---

① 《北京广渠门中学老校长回忆创办宏志班细节》，载《北京日报》，2010 年 9 月 3 日。

2010 年新学期开学，广渠门中学的宏志班已经创立整整 15 年。15 年来，1053 名贫困学生通过宏志班实现了继续上学读书的梦想，700 多名毕业生全部考取大学，其中 90％的学生考入重点大学，几百个家庭由此摆脱了贫困。宏志班创建之初，广渠门中学的老校长李金海曾经说："如果 10 年以后，全国还只有广渠门中学一个宏志班，那我就失败了。"如今，全国各地以宏志班命名的免费高中班已有上千个。

广渠门中学现任校长吴甡说："曾经有人建议我们为'宏志班'申请专利，可我觉得'宏志班'不是我们一所学校的专利，它是中华民族的专利，我希望有更多宏志班出现。"

很多人惊讶于宏志班毕业生 90％的重点大学升学率，但吴甡却并不看重它。他对记者说，升学率不是他们追求的目标，让学生成为一个健康快乐的人，才是他们的期望。

宏志班像一条纽带连接着全社会善良的人们。目前（截至 2010 年），广渠门宏志班已经获得社会各界捐助两千余万元。而宏志班的孩子们也把得到的爱回报给社会：2000 年 9 月，第一届宏志班毕业生刘明把他的第一份工资捐给了宏志基金；第二届宏志生先后有 27 名同学填写了《捐献眼角膜志愿书》；汶川地震、舟曲泥石流、希望工程……每一次孩子们都毫不犹豫地向更需要帮助的人伸出援手。

宏志班改变的不仅仅是上千名学生的命运，更开创了风气之先。如今，全国已有上千个以"宏志班"命名的班级，免费招收家庭困难、品学兼优的学生。

分析：

(1)"宏志班"是学校承担社会责任的最直接的体现。校长和教师对学校所担负的责任不仅体现在学校教书育人的本质工作上，更从社会发展和学生发展的角度，帮助有困难的学生解决困难，帮助国家和社会解决一时不能解决的困难。

(2)宏志班以"宏图报党恩，志远为国强"为价值导向，影响了宏志班学生，也影响了其他的兄弟学校，价值观得到了辐射和推广，真正实现了北京市广渠门中学"以生命影响生命的教育理念"。

(3)宏志班的影响不仅是对学生学业的支持，更重要的是培养了学生的美德，培养学生反馈社会，服务社会，承担社会责任的觉悟和能力。

52. 坚持把合作共赢作为学校对外关系准则，积极开展校内外合作与交流。

【要点解读】

学校服务社会是承担社会责任的表现，但学校与社会的互动是双向的，学校在承担社会责任的同时也会从社会各界获得支持，因此，合作共赢是学校对外关系的准则。

合作共赢要求校长有开放的办学意识，不囿于学校本位去思考学校发展问题，而是站在历史发展和社会发展的立场思考学校现在的发展位置和未来的发展方向，厘清教育与社会发展，教育与经济、政治发展的关系，确定学校未来发展方向和目标。

合作共赢要求校长有双赢意识，认真思考与外部合作时不仅是学校从社会索取什么，也要思考学校能为社会提供哪些服务。

合作共赢要求校长有积极的合作目的，不局限于学校升学率和学生成绩的学校发展"成绩"。学校与外部合作一方面为社会提供积极的价值观和社区服务，属于社会的"赢"。另一方面，学校的"赢"指能够促进学校师生的发展，使学生获得富有积极意义的自主发展，拓宽学生发展的平台和更高远的视界。

【履职建议】

(1)校长有开放办学观。

校长要具有开放办学的观念，积极开拓合作单位，包括国际教育合作，区域教育合作，不同领域的合作，为学校发展寻找更高更好的生长点。

(2)校长要有资源观。

不仅要认真梳理学校现有的显性资源，更重要的是通过文化建设和资源建设形成学校的隐形资源和品牌资源，敏锐捕捉每一个能够让学校发展的机会，通过媒体宣传扩大学校的社会影响力，形成品牌效应。

(3)校长是学校的形象代言人。

作为学校的形象代言积极与外界交流合作，做富有社会责任感的学校领导人，提出令社会赞赏和认同的合作理念，做出值得社会推崇和效仿的与外界合作共赢的成功案例并广为流传。

【示例分析】

案例 6-2：北京市建院附中利用学校生态教育资源优势开展对外合作①

2004 年，原北京市建院附中(现在学校名称改为"北京市第二外国语学院附中，简称二外附中")根据学校的历史和现状确定学校"生态文明教育"作为自己的办学特色，并以此作为学生素质教育的突破口，积极开展了一系列富有成效的生态文明教育活动。在实施"生态文明教育"实践中，学校积极与世界自然基金会、国家林业局、全国政协合作，开发了生态教育课程。"生态环保实践和可持续发展的课题，属于各学科都可参与、师生均容易上手的范畴。"2004 年，付晓洁率领学校参加了中国可持续发展教育课题研究，2005 年参加了世界自然基金会"青少年爱水行动项目"研究，得到了世界自然基金会首席代表欧达梦先生等国内外专家的支持，他们走进校园进行学术交流、讲解知识、传授节水窍门……

在该校自觉实践生态文明教育 3 年后，党的十七大把建设生态文明作为实现全面建设小康社会奋斗目标的更高要求，将生态文明建设摆上了前所未有的战略位置，这让全校师生受到了极大鼓舞——教师把实践中摸索出的整套经验提炼、总结，编写教材，列入该校校本课程的开发项目；学生把从生态文明教育中得到的感悟自觉传播向家庭和社会。

有了丰硕的研究成果后，建院附中 2008 年 5 月被国家林业局、教育部、共青团中央联合授予首批"国家生态文明教育基地"。他们郑重地接受"国家生态文明教育基地"的称号，因为他们认识到，全国有两亿两千万青少年，将通过广大教育战线全体工作者的努力被培养成为国家未来建设生态文明的生力军。

"全国生态文明教育基地"的荣誉对建院附中多年来重视学生素质教育给予了充分肯定。社会各界不断打来电话，媒体希望采访，兄弟院校希望学习，专家学者也希望前往调研。

2009 年，该校在北京朝阳常营公园营造了占地面积 30 亩的全国第一家城市公园碳汇科普林教育基地，组织师生开展了种植碳汇植被、宣传碳汇知识

---

① 资料来源：人民政协网(http://www.rm2xb.com.cn/)，2009 年 2 月 7 日。

等活动。学校师生还向中国碳汇基金会捐款 1 万元用于筹建科普林教育基地项目。

分析：

（1）原建院附中北京第二外国语大学附属学校校长眼界开阔，走出一条通过生态文明教育与校内外合作的模式，这种合作模式的特点是知识和科技为合作资源平台，推动了社会的发展，带来了社会民生的受益，符合学校知识科技中心角色定位，是立足本校、对外开放的合作观。

（2）付晓洁校长带领学校以社会发展和生态发展促进学生发展为出发点确立学校生态教育特色，利用学校资源，争取科技企业和政府政策资源，并以此作为合作优势资源，善于整合资源，最终达成共赢局面获得了对外交往的成功。

（3）目前该校因为生态文明教育而获得了社会美誉度，得到了教育行政部门的赞誉，得到了公司企业的合作和赞助，学校由此得到了更好的发展机会。

53. 坚信学校与家庭、社会（社区）的良性互动是办学水平的重要体现。

【要点解读】

学校办学水平评价是一种综合性的教育评价。它是指教育行政部门或专门的评价机构，根据国家和社会赋予学校的教育目标和任务，运用科学的评价理论和技术，对学校的办学方向、办学条件、管理工作、办学效益等方面进行的总体或单项的价值评判。学校与外部环境互动是办学水平的一个评价指标，描述为学校承担社会责任，并能够在社区发展中做到积极、主动、有效地为社会服务。

作为社会科技、知识和文化聚集的高地，学校与社会、社区和家长能够良好沟通，适时、适度、适切地输出学校的优势产品和优势服务，是衡量一所学校开放度的指标，社区公众对学校公共活动的关注和参与度是学校知名度的参考指标。社区公众对学校公共活动的评价是学校办学水平美誉度的参考指标。

【履职建议】

学校做到与外部环境积极、良性互动，合作共赢需要校长在对外交往时把握好开放度、敏锐度、协同度、契合度和满意度。

（1）开放度：开放的教育理念反映在对外交往上是乐于与外界合作交流。

学校对内外部环境的优势、劣势、挑战与机遇进行战略分析，校长具有开放意识，秉承民主管理，自主发展的原则，确定学校发展思路与发展目标；利用校内外资源为学生发展服务，为社区发展服务，举办学校开放日、校长接待日、家校联合会等合作措施，着眼于学校能够为社会所了解，尽力为学生服务，为社会服务。

（2）敏锐度：在当前的开放环境中，校长做乐于学习和勇于变革的领导者，具备对周围环境感知和反馈的敏锐度。

校长能够从容面对复杂局面，迅速找到在复杂环境中学校的定位和可发展的机遇，并建立与相关利益共同体的关系；校长具有明确的自我认知，在与不同的人交往和解决棘手问题时灵活应对，追求合作共赢；校长以身作则，并鼓励师生员工每个人都是学校对外交往的名片和代言人，树立学校的良好形象。如校长定时与社区公众沟通，获取社区公众对学校发展的需求纳入学校发展规划中，社区对学校的帮助需求及时做出反馈，做到有效和及时。

（3）协同度：学校对外合作中与合作方深度合作的方式和效果。

学校在对外交往中的合作共赢追求双方的协同合作，即基于共同开发，共同受益的合作，而非单方或者基础层面的交流与合作。如在国际教育交流中，与国内学校国外学校友好互访是比较基础的协同合作，双方共同开发课程，研制基于网络平台的同步学习，开发基于双方学生合作学习需求的教学模式等合作就属于协同度高的合作方式。

（4）契合度：学校对外交流与合作的方式适合学校的发展定位，发展目标。

校长树立科学的发展观，不仅培养高素质的学生，同时也要和社会建立良好的关系。校长不要只以学生的成绩和学校的升学率作为对外合作的衡量标准，要以发展的眼光看待学生发展和学校发展；学校形象定位要综合考虑学校发展战略、发展环境分析、营销策略，也要考虑学校个性形象以及形象定位实现的传播活动和管理职能的开展等。校长带领学校师生一起对学校的形象定位进行分析，将学校公共形象定位和学校文化、学校育人目标以及学校发展战略结合在一起，形成有机的整体。

(5)满意度：校长思考如何让学校成为社区文化中心，努力推动社区文化与学校文化相辅相成，获得社区公众的好评与赞赏。

学校是社区的有机组成部分，一方面学校通过宣传社会主流价值观，通过学校与家长的沟通、学校与社区互动、媒体宣传与舆论导向建立学校良好口碑。另一方面，学校也要对社情民意有充分的认知和思考，为社区发展和社区公众的需求积极反应，共促发展。

【示例分析】

案例 6-3：上海建平中学与社区合作体现学校办学高水平①

2013年6月5日下午，上海建平中学管弦乐团在思贤堂圆满顺利地举办了一场名为"上海市民文化节暨建平中学管弦乐团社区交响音乐会"。此次音乐会既是建平中学配合洋泾街道社区开展文化建设活动而举办的一项活动，也是建平中学管弦乐团本着发展，每学期定期举办的专场音乐会。音乐会的举办，使建平中学的校园文化与社区文化得到了互相交流、互相促进的机会。

近三年来，乐团的发展一直得到洋泾街道社区文化中心的大力扶持。之前，乐团先后为洋泾社区举办过三场音乐会。此次，乐团为配合社区参与上海市民文化节系列活动，经过几个月的排练准备，终于得以顺利举办。音乐会专门为社区观众安排设计制作了欣赏音乐的幻灯片提示，包括音乐会曲目的图文并茂的欣赏提示，使观众们对于欣赏的乐曲有更加形象化的感觉。音乐会的组织得到了街道社区文化中心老师们的大力协助支持，他们联系了社区各居委会，安排组织观众。本次音乐会联系了金杨街道社区、陆家嘴街道社区组织观众共同参与，目的就是让交响乐能够在浦东社区得到更广泛的宣传和普及。

分析：

(1)建平中学创建于1944年，具有70年历史的建平中学倡导个性发展与社会需要完美结合，建平中学办学目标的确立具有敏锐度和开放度。

(2)学校是存在于社区之中的，以学校的人文之风影响和沐浴社区环境，通过学生的文化和艺术活动营造社区文化氛围，也是对学生精神成长和文化

---

① 本案例改编自：《建平中学管弦乐团举办社区交响音乐会》，班班学校（http://www.banban.so/t11/102177.html）。

育人的一种途径。建平中学连续三年为社区居民举办音乐会说明能够满足学生发展和社区发展的需求具有合作的契合度。

（3）办学水平是衡量一所学校质量和社会影响力的显性指标，但在显性指标的评价中，学校对社会影响力，学校对社会精神文明建设的贡献率也应该是衡量指标之一。建平学校不仅在学生学习质量上有较高的保障，通过校园文化对社区文化的支持和影响也培育了学生服务社区，影响社区和与社区共发展的能力和素养，体现了社会对建平中学的满意度。

二、专业知识与方法

54. 掌握学校公共关系及家校合作的理论与方法。

【要点解读】

学校公共关系是公共关系的一个组成部分，学校公共关系是指学校运用信息传播手段，为学校树立良好形象，从而得到公众的理解、信任、支持与合作而进行的一种学校管理职能活动。[1]

学校公共关系分为内部公共关系和外部公共关系。内部公共关系主要指学校与学生、教职工等公众的关系，在第五章"优化内部管理"中已有详细的阐述，本节不再赘述，而主要以分析学校外部公共关系为主。学校外部公共关系面对的目标公众主要包括政府及教育管理部门、学生家长、校外教育机构、社区、媒体等。

学校公共关系的职能主要体现在以下四个方面。[2]

第一，监测环境，收集信息。随着科技的发展和社会的进步，越来越多的因素出现并开始影响和左右学校各项工作。公共关系所肩负的职责之一就是全面、客观、准确、及时地把握环境的变化，收集和分析与学校相关的信

---

[1] 徐赟、黄瞳山、张媛媛：《试论我国中小学学校公共关系现状与改进策略》，载《当代教育论坛（管理版）》，2010年第3期。

[2] 诸志美、周超祥：《学校公共关系部的职能及其组织结构》，载《教学与管理》，2003年第21期。

息，为分析学校工作的优劣得失及学校在公众心目中的形象提供信息。

第二，咨询建议，协助决策。学校在搜集信息之后应当有梳理和分析的过程。这些整理过的信息应当能在校长处理学校教育和管理问题的过程中，发挥参谋的作用。

第三，沟通信息，塑造形象。信息的"双向对称"是公共关系最显著的特征，体现在学校公共关系中时，即保持学校与公众间信息双向流通顺畅，促进学校与公众之间和谐关系的建立与维持。一方面将学校的想法和信息传递给大众，另一方面把公众的想法与信息反馈给学校。最终使学校和外部公众达成一致的目标和行为，促进学校发展，维护学校形象。

第四，协调关系，寻求支持。学校处于复杂的环境之中，面对不断变化的社会条件和具有不同利益的各种团体和社会阶层，学校处于各种矛盾和冲突之中。为此，必须协调各方面的力量，取得他们对学校的理解和谅解。同时，学校为了获得资金、人员、信息和各种服务上的支持，只有做好对外公共关系，建立起良好的社会关系，才能争取到更广泛的支持。

家校合作是学校与外部众多关系中最重要也是联系最紧密的一环。我国教育研究者马忠虎在研究家庭教育与学校教育相结合的问题时认为，家校合作，实质上是联合了对学生最具影响的两个社会机构——家庭和学校的力量，对学生进行教育。在教育活动中家庭和学校相互支持、共同努力，使得学校在教育学生时能得到更多的来自家庭方面的支持，家长在养育子女时也能得到更多的来自学校方面的指导。

校长在理解家校合作时要注意把握以下几点内涵。①

（1）家校合作是一种双向活动，是家庭教育与学校教育的相互配合。家长要对学校教育给予支持，学校要对家庭教育做出指导，其中学校应起主导作用。

（2）家校合作活动围绕的中心应该是学生，学生是家庭和学校共同的服务对象。促进学生的全面发展是家校合作活动的最终目的。

（3）家校合作是社会参与学校教育的一个重要组成部分。家长的参与离不

---

① 岳瑛：《我国家校合作的现状及影响因素》，载《天津市教科院学报》，2002年第3期。

开社会大背景，是广泛的社会背景意义上的参与。因而，家校合作必然会进一步扩展至与社区乃至社会方方面面的合作。

【履职建议】

(1)采取积极主动的公共关系态度。

校长作为学校的最高领导，要具备开放意识与共赢意识，把学校置于社会(社区)环境中，必须转变管理意识并调整学校发展的相关战略。学校应该正视自身在公共关系中的主体地位，变被动为主动，充分利用起公共关系管理中检测环境、收集信息这一职能。全面而准确地、及时地把握环境的变化，客观的搜集和整理与学校相关的信息。为分析学校工作的优劣得失及学校在公众心目中的形象得分多少提供较充分的资料。① 减少学校在面临突发事件时"措手不及"的状态。

网络的发达为大众表达自身观点搭建了平台，也使得观点的传播变得十分迅速。教育的特殊地位使其成为网络舆论的焦点。加强舆情管理，正确认识网络舆论，用正面、积极的舆论回应网民应该成为现代教育管理者应有的素质。

(2)设立专职部门，促进学校公共关系管理专业化发展。

为了学校公共关系的发展能够更加有保障，建议校长在自己的学校内组建专业的公共关系团队，并制定相应的公共关系活动的规章制度。

公共关系部门的成立，是保障学校公共关系正常发展的组织基础。公共关系活动规章制度是学校公关活动运行的有效约束。

(3)建立并完善家校合作机制。

校长促进学校和家长之间的合作应本着以下几点原则。②

首先，要保证信息的共享。教师和家长之间信息不对等容易导致误会与分歧。只有通过交流，使双方都处于信息完全掌握的状态，更深地理解彼此的期望以及孩子的需要，才能更好地建立双方合作的基础。

其次，要保证学校与家庭地位平等，老师与家长互相尊重。校长应认识到随着社会的发展，家庭教育不再只是辅助学校教育的手段，而是享有与学校教育同等重要的地位。只有将这两种教育很好地结合在一起才是对学生发

---

① 郭雯：《浅谈学校公共关系》，载《科协论坛(下半月)》，2010 年第 5 期。

② 彭茜、郭凯：《家校合作的障碍及其应对》，载《教育科学》，2001 年第 4 期。

展最有利的教育方式。因此校长要致力于创造一个家长能够积极参与的氛围与文化，承认差异与冲突。学校对家长的意见要认真听取，虚心接受。

最后，要丰富家校合作的形式。校长应推动家校合作从基础阶段的"旁观式"合作，如家长访问学校观看作业展览，听校长和教师做汇报等方式逐步向"互动式"合作，如家访、家长参与教学活动等方式发展。并引导家校合作向高级阶段的家长参与学校重大问题决策的"管理式"合作过渡，建立并推动家长委员会、家长—教师学会等组织的发展和完善。校长还应顺应科技发展潮流，利用发达的网络科技提升家校合作的质量。

【示例分析】

案例 6-4：网络助力家校合作①

三人行网站(www.3ren.cn)是中国第一家以老师、家长、学生交流为基础的大型交互式网站。自 2009 年创办至今逐渐成长为中国最大的网络家校沟通平台和学生个性化成长平台。

教师、家长和学生在三人行网站丰富功能的支撑下实现了便捷的沟通和高效的协作。三人行网站里"家校联系本"功能，可以使家校沟通通过手机电脑随时随地进行。"网络班级"的建立拉近了老师、学生、家长之间的距离，家长可以随时了解到自己孩子的学习动态，与教师沟通思考解决方案。"数字化校园"功能是老师做好教学和班级管理的得力助手。"学生活动中心"是丰富多彩的校内外活动展示平台。通过此项功能，家长可以不用亲临现场也能感受到活动现场精彩的气氛。

分析：

在网络的支持下，教师和家长之间的沟通渠道被拓宽，信息共享变得简单易行，并且不再受到时间和空间的束缚。信息的公开性促进了老师和家长间的平等交流，使沟通过程变得更加顺畅。

三人行网站是家校模式发展的一个新方向。校长们应该意识到网络对于家校合作发展的巨大帮助，在今后的工作中推进家校合作向更便捷更高效的方向发展。

---

① 《关于我们》，三人行网站(http://www.3ren.cn/about.do)，2014 年 2 月 24 日。

55. 了解所在社区、学生家庭的基本情况，积极获取与学生成长、学校发展相关的信息。

【要点解读】

《中共中央国务院关于进一步加强和改进未成年人思想道德建设的若干意见》指出：要建立健全学校、家庭、社会相结合的未成年人思想道德教育体系，使学校教育、家庭教育和社会教育相互配合，相互促进。城市社区、农村乡镇和村民委员会，以及其他一切基层组织要切实担负起加强未成年人思想道德建设的社会责任，整合利用各种教育资源和活动场所，开展富有吸引力的思想教育和文体活动，真正把教育引导未成年人的工作落实到基层。

在以学生为中心的教育环境中，家庭、学校、社区都在学生的成长中起着重要作用。家庭教育是学校教育的基础，也是学校教育的重要补充。社区以自身的社会环境和文化氛围对学生的品格塑造和文化修养起到潜移默化的作用，同时社区以其文化资源和人才资源为学校发展和学生成长提供支持。

了解所在社区的基本情况，掌握社区资源。社区可以宽泛定义为"学生所熟知的社会环境"。学校需要了解的社区的基本信息有：了解社区的发展规划目标，在所属区域中的功能定位，所拥有的政策与资源优势；了解社区的人文环境，包括历史沿革、文化风俗、名人名家、风景名胜等；了解社区内各组织、机构、企业、团体和阶层的实体性质、专业领域、文化背景等；了解社区内人口构成和变化趋势等。

了解学生家庭的基本概况，获取有价值的信息。家庭是建立在婚姻、血缘关系基础和一定经济基础之上的亲密合作、共同生活的社会群体。学生家庭的基本情况，如家庭成员构成以及主要成员的受教育程度、职业状态、特殊经历、思想意识、道德观念和文化素养等，这些因素都直接影响孩子的性格特征、心智模式和学业水平；另外，家庭成员之间的关系、家庭收入水平、养育观念、对孩子的期望等，也是学校分析学生个性特征、行为表现的基本依据。学校要了解学生家庭的基本情况，并对各类学生家庭的基本情况做综合性数据分析，如各类家庭的占比、特征等，作为学校制定发展规划、确立培养目标的参考依据。

【履职建议】

（1）利用各种途径和方法了解社区、家庭的基本信息。

学校可以利用官方组织、会议活动、社会关系以及互联网等途径获取信息。获取信息的方法有很多，传统的获取信息的方法有观察、访谈、座谈、电话调查、问卷调查等，现在学校常用的家校通、官方微信等网络工具也可以开发为收集信息的方式。

（2）对信息进行系统分析和判断，选择使用有价值的信息。

信息获取的原则是有用、准确、及时、全面。获取的基本信息必须是真实的、准确的、有价值的，与学校教育要素相关并能够反映事物的全貌。在基本信息的基础上，使用数据分析工具进行系统科学分析，力求得出正确的结论。

（3）分析结论服务于学校决策。

我们获取信息、分析信息的目的是对学校教育的外部环境有清晰的认识和准确的判断，能够分析解释学校和学生当前问题的因果关系，并对未来发展进行预测。因此，在采用数据分析结论时，一是不能回避"不良结论"，二是结论要聚焦于"关键要素"，这样才能实现获取信息的真正价值：解决问题，支持决策，规划未来，服务于学校发展和学生成长。

【示例分析】

案例6-5：北京航空航天大学附属中学深度开发利用北航大学资源①

北京航空航天大学附属中学（简称北航附中）是北京市唯一一所地处大学校园内的附中。学校充分利用北京航空航天大学的优质资源，全面拓展科技教育领域，形成以航空航天科学技术为龙头，以航模和机器人为亮点，全面发展的科技教育特色。学校聘请北航大学多位专家、学者为校外辅导员，他们走进校园开办讲座，开设选修课；学生走进大学的课堂和实验室去参观学习，收获全新的体验。2008年，学校创办了北京航空航天大学后备人才培养基地和北航附中科技俱乐部。截至2011年4月，北航附中已与北航大学14个院系、研究所建立了稳定的合作关系，附中学生可以进入的北航大学科技

———————

① 本案例摘编自北京航空航天大学附属中学网站（http://www.bhfz.com/Index.htm）。

课堂训练中心有 8 个，实验室有 22 个，初步形成了大学中学联动培养创新后备人才的模式，在通航基地建设上取得了可喜的成果。

在未来的愿景规划中，学校仍然将开发北航大学资源作为发展依托，组织讨论"在实践博览类课程中如何进一步深入开展大学中学联动的工作？""如何根据学科内容和特点利用大学丰富的资源平台拓展学科探究类课程？""如何将选修课和科技小组的课程更好地与大学联动？"等，对资源的开发与利用在不断深化。

分析：

这是一个学校通过借力社区资源发展学校特色的成功案例。北航附中基于对北航大学的科技资源的了解，全面分析、整合其资源优势，深度开发成为教学资源，成功建设特色课程，进而形成学校的科技教育特色。学校对资源的开发定位准确，使大学资源有效地支持了学校发展和学生成长。

56. 熟悉各级各类社会公共服务机构的教育功能。

【要点解读】

校长熟悉社会公共服务机构，了解其教育功能，是有效整合社会资源服务于学校教育的前提。

社会公共服务机构包括教育机构、公共卫生机构、公共文化服务机构、社会福利机构等，主要有政府机构、医院、学校、邮局、研究机构、博物馆、文化馆、体育馆、影剧院、工会、社区服务中心、社会保健机构、社会福利机构、救助慈善机构、律师事务所等。这些机构普遍具有提供公共服务的职能，以向有需要的人士提供服务为宗旨。同时，他们也承担了部分社会教育的功能。

除学校以外的教育机构和公共文化服务机构是社会教育的载体，如少年宫、文化馆、图书馆、博物馆、纪念馆、广播电台电视台等。这些机构旨在弥补学校教育和家庭教育之不足，促进青少年的个性全面发展。他们采取的教育形式灵活多样，能很好体现教育的民主性，更有利于人的社会化。

广义的公共卫生机构是指一切能够促进健康、预防疾病、保护健康的机构。包括各级卫生行政机构、医疗机构、疾病控制机构、计划生育机构、卫生监督机构、药品食品安全机构、烟草控制机构、环境保护机构、妇幼保健机构、慢性病防治机构、社区卫生服务机构及公共卫生研究机构。公共卫生机构的职责是增强人群的健康，预防疾病，控制感染，延长寿命，提供安全的生活方式和安全、健康的生活环境。这类机构的教育功能主要是健康教育。

社会福利机构是指国家、社会组织和个人举办的，为老年人、残疾人、孤儿和弃婴提供养护、康复、托管等服务的机构。社会福利机构不具备教育功能，但是学校可以开发其教育功能，比如将福利院作为培养学生社会责任感和爱心的社会实践场所。

在众多的社会公共服务机构中，社会文化机构的教育功能最为重要和丰富，我国将社会文化机构作为未成年人思想道德教育的基地。《中共中央国务院关于进一步加强和改进未成年人思想道德建设的若干意见》要求：充分发挥爱国主义教育基地对未成年人的教育作用。各类博物馆、纪念馆、展览馆、烈士陵园等爱国主义教育基地，要创造条件对全社会开放，对中小学生集体参观一律实行免票，对学生个人参观可实行半票。要采取聘请专业人才、招募志愿者等方式建立专兼职结合的辅导员队伍，为未成年人开展参观活动服务。要加强青少年宫、儿童活动中心等未成年人专门活动场所建设和管理。积极开展教育、科技、文化、艺术、体育等未成年人喜闻乐见的活动，把思想道德建设内容融于其中，充分发挥对未成年人的教育引导功能。图书馆、文化馆（站）、体育场（馆）、科技馆、影剧院等场所，也要发挥教育阵地的作用，积极主动地为未成年人开展活动创造条件。

【履职建议】

(1)通过各种渠道熟悉社会公共服务机构的教育功能。

学校可以通过政府文件、宣传媒体，各机构的会议活动、官方网站等了解社会公共服务机构的教育功能。学校要建立一套完备的工作机制，责成相关部门和负责人与社会上教育功能突出的公共服务机构建立稳定的合作关系；持续、深入了解各级各类公共服务机构特别是文化类机构的教育功能。

(2)充分利用社会教育功能服务学校教育。

可以采取"走出去、请进来"的方式，充分发挥社会公共服务机构的专业资源对于教育的优势，既能让学生利用机构的人才、设备、环境等资源发展兴趣爱好，也能提高教师的专业素养，增强教师在特定学科领域的专业性。学校还可以与这些机构合作，开发学校特色课程，拓展学生社会实践活动基地，培养学生的兴趣特长和社会实践能力。

【示例分析】

案例 6-6：北京陈经纶中学"社会大课堂"活动①

北京市"社会大课堂"活动启动后，陈经纶中学数学学科参加到"社会大课堂"活动中。为充分发挥活动在学生发展过程中的作用，丰富学生自主探索、动手实践、合作交流、阅读自学等学习方式，陈经纶中学经过多方考察和研究，确定中国科技馆的探索与发现"数学之魅"为学校"社会大课堂"活动基地，并制定了实践活动实施方案。

学校组织的"社会大课堂"活动包括参观场馆、教师培训、培训学生、指导研究、汇报结题等进程，具体实施包括：

(1)对活动基地进行实地考察，确立初步实施方案，初步确立研究课题；

(2)对参与活动的教师进行培训，布置工作；

(3)组织教师集体参观中国科技馆"数学之魅"场馆，交流探讨拓展思路，教师结合所教学生的实际情况，选择感兴趣、有价值并具可行性的研究课题；

(4)学生自愿报名与教师选拔相结合成立活动小组，教师结合科技馆展览项目确定研究课题，对参与活动的学生进行培训，并将预先准备的课题供学生参考，要求学生对感兴趣的课题进行搜集、查阅资料，为实地参观做好充分准备；

(5)教师对如何指导学生活动进行设计；

(6)组织学生集体参观"数学之魅"场馆；

(7)确立研究课题，在研究过程中完成学生活动报告；

(8)按阶段组织学生进行课题研究汇报，包括开题报告、搜集资料、研究成果、数学问题的发现和解决；教师进行评价和指导。

(9)学生完成活动报告，组织汇报；

(10)组织教师、学生进行课题结题总结。

---

① 本案例选编自北京陈经纶中学网站(http://www.bjcjl.net/cjl/)。

分析：

北京陈经纶中学组织实施"社会大课堂"活动的过程是一个完整的了解社会公共机构、整合社会资源为学校所用的典型案例。学校调查研究资源、老师学生参观场馆，是对社会教育资源的挖掘和把控，制定研究课题、实施研究与总结，是对资源的深度有效利用。这项"社会大课堂"活动不仅激发了学生研究探索科学的欲望和学习数学的兴趣，而且成为学校数学学科建设的一项重要举措，促进了学校发展。

三、专业能力与行为

57. 优化外部育人环境，努力争取社会（社区）的教育资源对学校教育的支持。

【要点解读】

教育具有社会性，学校对学生的教育起主导作用，但外部育人环境对学生的成长也有很大的影响。外部育人环境影响人们的思想和生活，制约学校教师教书育人。因此优化外部育人环境，是校长办学治校的必然要求，是校长重要的专业职责。

外部育人环境是指市场经济环境、社会人文环境、学校周边的社区环境、学生的家庭环境，实质是包括家庭、社会大众、各类媒体、政府部门等各个方面对学生成长施加的影响。

优化外部育人环境，是指学校要积极面对外部环境变化带来的各种影响，增强教育的针对性和时效性，加强和完善家庭、学校、社会三结合的育人机制，改进和创新学校工作，为学生营造一个健康向上的学习生活成长环境。

社会（社区）的教育资源，是指社会（社区）的人力、文化及物质环境等具有教育影响作用的资源。社会（社区）的博物馆、科技馆、文化馆、图书馆、展览馆、青少年校外活动场所、综合实践基地、企业、政府机关等都是教育资源。

争取社会（社区）的教育资源对学校教育的支持，是指学校对社会（社区）

教育资源的组织和开发，使其对学校的教学内容、教学条件及管理等方面的工作产生有力的推动作用，进而促进学生个体社会化，促进学习化社区的形成，促进教育创新及创新人才的培养。

【履职建议】

(1)校长要善于观察社会，思考社会。

认清教育的使命，坚持正确的办学方向。校长要跳出教育看教育，开阔视野，"仰望星空"，积极关注国际国内政治、经济和社会的热点问题，关注全球面临的生态、环境、人口、资源和恐怖主义等危机，思考社会发展和教育发展的趋势，不仅立足学校，更要从社会的角度去探究教育的本质。在研究世界发展潮流和国家教育方针的基础上，理解教育、审视教育，坚持正确的办学方向。

(2)校长要整合社会资源，建设社会资源大课堂。

学校是培养学生的主要基地，但不是唯一基地。学校处在社会(社区)之中，社会(社区)的各种影响，无论正面或是负面，都时时刻刻影响着学生。学校必须和社区紧密结合，才能有效发挥教育的整体作用。校长要始终坚持大教育观和大资源观，社会即学校，生活即教育。庭院里练不出千里马，温室里育不出栋梁材。唯有把学生放在社会大环境中培育，才会达到"知行合一"的教育效果，才能"出英才"。

社会各个行业、各个方面，无论是政府机关、企事业单位，还是公共文化设施，只要是公共资源，都应该有义务为青少年的健康成长服务，都应该成为学生开展社会实践，走出学校，走进社会的课堂。校长要以学校的力量和教育的理念把社会资源充分调动起来，以社会(社区)为大课堂，建立校外社会实践基地，让学生体验现实、丰富的社会生活，培养学生的社会责任感和社会实践能力。

(3)校长要具备开放的双赢观念，推动学校与社会(社区)双赢的良性互动。

校长一方面要注意整合、优化社区资源为我所用，另一方面要注意发挥学校服务社区的作用。校长要深入分析学校目前的办学条件和办学行为，坚持改革创新，抓住机遇，带领学校主动服务社会，引领社会(社区)文明进步。

校长要以改善中小学生成长环境、办好人民满意教育为出发点，带领学校，服务社会（社区），充分发挥自身与教育行政机关、科研机构、企业、民间组织等合作交流广泛的优势，推动社区各方力量在人才培养和社会文明进步上的沟通与合作，建立符合现代学校制度要求的家长委员会和家长学校，积极探索学校、家庭、社会新型协作育人机制，全面推进素质教育，发挥服务社会、引领文明的作用。

【示例分析】

案例 6-7：上海市位育中学开展校外实践活动①

上海市位育中学积极开发社会教育资源，已经在徐汇艺术馆、土山湾博物馆、华泾绿苑居委会和华泾阳光之家等多个地点成立了志愿者孵育基地。学生通过担任义务讲解员增进了自己的知识的同时服务他人，通过义务辅导和心理交流服务农民工子弟，通过社团和团支部活动关爱智障儿童的发展。除了徐汇区教育局统一组织的东方绿舟活动、奉贤学农活动以外，学校还有自主设计、开展的校外实践活动：南京社会实践活动、北京社会实践活动、绍兴文化考察活动、参观黄道婆纪念馆、祭扫邹容墓、社区服务及志愿者活动、假期社会实践活动等。丰富多彩的社会实践活动为学生的行为规范养成提供了锻炼的场所，在活动中不仅培养了学生的集体意识、合作意识、服从大局的意识，更搭建了学生展示自我、发展自我的平台。

分析：

上海市位育中学注重实践育人、场所育人，切实把社会主义核心价值体系寓于学生社会实践活动之中，多渠道、多途径、多角度地挖掘社会资源，开展社会实践活动，引导学生走出校园、走进社会，参加有益的社区服务，用丰富的社会实践活动增强学生的亲身体验，让学生在体验与感悟中培养优良的思想道德素质和科学文化素质。多样的社会实践活动，成为位育中学行为规范教育的特色经验，体现了突出实践体验、促进校外教育与课堂教学有机结合的教育策略，增强了学校德育的针对性与协调性，提高德育的实效性。

---

① 国庆波、李长松、王海生：《〈中学生参与社会实践的有效工作机制研究〉课题结题报告》，上海市位育中学网站（http://www.weiyu.sh.cn/cms/index.php? m＝content&c＝index&a＝show&catid＝132&id＝2995），2012 年 11 月 7 日。

位育中学的学生社会实践活动，不但对学生良好思想品德和行为习惯的形成发挥了重要作用，而且显示了全方位的育人意义，生动地体现了学校对社会教育资源的有效整合。

58. 充分发挥家长委员会支持学校工作的积极作用，引导社区和有关专业人士参与学校管理和监督，接受改进学校工作的合理建议。

【要点解读】

家长委员会，是家长和学校沟通的桥梁，是家长和老师交流的纽带，也是家校合作的重要平台。建立家长委员会，对于发挥家长作用，促进家校合作，优化育人环境，建设现代学校制度，具有重要意义。根据《教育部关于建立中小学幼儿园家长委员会的指导意见》，有条件的公办和民办中小学和幼儿园都应建立家长委员会。

引导社区和有关专业人士参与学校管理和监督，是指由家长委员会组织社区和有关专业人士或由学校直接邀请社区和有关专业人士，对学校工作计划和重要决策，特别是事关学生和家长切身利益的事项提出意见和建议；对学校教育教学和管理工作予以支持，积极配合；对学校开展的教育教学活动进行监督，帮助学校改进工作。学校要接受家长委员会、社区和有关专业人士改进学校工作的合理建议。例如：北京市门头沟新桥路中学通过家教协会，向家长通报学校的三年规划、校园建设、校本课程的设置、学校文化的打造等；借助有设计、艺术、体育专长的家长，对校园和班级文化建设给出建议，参与学校各种文体活动等。

【履职建议】

(1)充分认识建立家长委员会的重要意义。

把家长委员会作为建设依法办学、自主管理、民主监督、社会参与的现代学校治理结构的重要内容，作为发挥家长在教育改革发展中积极作用的有效途径，作为构建学校、家庭、社会密切配合的育人体系的重大举措，以更大的热情，更有效的措施，创造更好的条件，大力推进建立家长委员会工作。

(2)明确家长委员会的基本职责。

家长委员会应在学校的指导下履行职责，主要是参与学校管理，参与教育工作，沟通学校与家庭。向家长通报学校近期的重要工作和准备采取的重要举措，听取并转达家长对学校工作的意见和建议。向学校及时反映家长的意愿，听取并转达学校对家长的希望和要求，促进学校和家庭的相互理解。

(3)积极推进家长委员会组建。

要根据学校发展状况和家长实际情况，学校组织家长，按照一定的民主程序，本着公正、公平、公开的原则，采取灵活多样的组织方式，在自愿的基础上，选举出能代表全体家长意愿的在校学生家长组成家长委员会。特别要选好家长委员会的牵头人。要从实际出发，确定家长委员会的规模、成员分工。确保家长委员会工作取得实效。

(4)发挥好家长委员会支持学校工作的积极作用。

家长委员会要针对学校教育和家庭教育的突出问题，重点做好德育、保障学生安全健康、推动减轻中小学生课业负担、化解家校矛盾等工作。

(5)为家长委员会的建设提供有力保障。

学校要为家长委员会开展工作提供必要的条件。完善学校科学民主的决策机制，保障家长委员会有效参与学校管理。完善科学的评价机制，保障家长委员会对学校工作实施有效监督。开放教育教学活动，保障家长委员会参与教育工作。建立学校与家长委员会定期通报情况，保障沟通渠道畅通，确保家长委员会依法、规范、有序、有效地开展工作。

【示例分析】

案例6-8：北京市海淀区万泉小学注重发挥家长委员会功能①

北京市海淀区万泉小学立足时代发展需要，对家长委员会进行变革，在各个班级都成立了家长委员会，在原来侧重沟通交流功能基础上，增加了"积极引导""宣传展示""解决问题""自我教育"四项功能。"积极引导"——引导家长了解孩子内心世界；"宣传展示"——把学校最亮丽的一面展现给家长；"解决问题"——解决班级建设和孩子成长中的共性问题；"自我教育"——家长之间分享育儿成功经验，共同提高。在此基础上，学校改变了以往家长会中教师"一言堂"的模式，采用互动、分享、参与、研究的全新方式，给家长发言

---

① 景小霞：《探索家长会模式变革，提高家校合作实效性——北京市海淀区万泉小学家长会变革》，载《班主任》，2012年第3期。

权和参与权，逐渐形成了三种家长会模式：家长委员会主持模式——让每一位家长放得开、说得透，讲实话、吐真言；学生主持模式——学生在收集资料、组织会议过程中得到了锻炼；教师主持模式——灵活把握家长会的进程，有效控制研讨主题并适时加以引导。

分析：

家长是学校外部最重要和最可靠的教育资源。北京市海淀区万泉小学对家长委员会的变革，强化了家长的主体意识，发挥了家长委员会的功能，充分调动了家长参与学校教育教学活动的积极性，凝聚了家长的教育智慧，赢得了家长对学校教育的理解和尊重，改变了家长的教育思想、教育方式方法。这种变革，由"把家长放在家校合作中的从属地位"转变为"以学校为主导，以家长为主体"的家校平等合作，这是一种相互尊重的、平等的、合作的关系，代表了今后家校合作的发展方向。万泉小学的家长会也从学校教师单向"说教式"变为家校共同"参与式"，由"教师以指导者自居"转变为"尊重家长，平等交流"；由"单纯从学校教育需要出发要求家庭教育配合"转变为"从提高教育水平和质量要求出发，家校平等协作，实现教师、家长和学生素质的共同提高"。

59. 建立健全家校合作育人机制，建立教师家访制度，通过家长学校、家长会、家长开放日等形式，指导和帮助家长了解学校工作情况和学生身心发展特点，掌握科学育人方法。

【要点解读】

家校合作育人机制，是指协调家校之间育人关系的机制，是以一定的运作方式把家庭与学校联系起来，使它们为实现合作育人协调运行而发挥作用的体制、机构和制度。

机制的建立，一靠体制，二靠制度。建立健全家校合作育人机制，就是要形成并完善家校合作育人的管理体制和相关制度。例如：建立教师家访制度，建立家长学校及配套制度，召开家长会，举办家长开放日活动等。

前苏联著名教育家苏霍姆林斯基说："只有学校教育而没有家庭教育和只有家庭教育而无学校教育，都不能完成培养人这一极其艰巨而复杂的任务。"家校合作育人是实现"三全育人"（全员育人、全程育人、全方位育人）的重要形式。家庭与学校间的合作，可以为学生创造良好的学习和教育环境，更能协调家校双方的力量使之形成合力，避免家庭教育和学校教育效果的相互削弱和抵制。

【履职建议】

(1)树立"视家长为同伴"的意识，开放办学。

家庭是相对独立于学校的教育力量，是学校教育的同盟军。校长要坚持开放、合作的办学策略，敞开大门，整合资源，尤其是让家长最大限度地走进学校，参与学校管理。平日不定期地邀请家长参加班级开放式队会和开放式课堂教学活动。每年"六一"节、艺术节、体育节、运动会、开学典礼时邀请家长参加。例如：北京小学翡翠城分校为家长提供了平台，组织了家长义工、亲子联欢会、亲子运动会、家长讲堂、家长开放月、快乐家庭学习苑等活动项目。

(2)健全组织，建章立制。

校长要将家校合作育人工作纳入学校发展规划，并制定具体的年度工作目标，要为家校合作的可持续发展提供组织平台和制度依据。学校要建立健全家长学校、家长委员会、家长教师协会等组织，建立健全《家长学校章程》《家长委员会工作职责》《家长委员会民主选举制度》《家长学校教育教学管理制度》《家长学校学员表彰制度》《家长学校教师备课制度》《家长教育行为规范》《家长开放日制度》《接待家长制度》等各项规章制度。

(3)挖掘资源，建设队伍。

一是校内教师队伍，努力将每一位教师都培养成为家庭教育咨询师，优选部分骨干教师作为家长学校的讲师。组织召开家校合作专题会议，分级部进行教研，组织集体备课，各校长参与听课、评课，提高了家长会、家长学校的授课质量。二是建立"家长资源库"，聘请家长做辅导员。学校要通过对所有家长的信息采集，充分挖掘家长的技能和特长，让家长各显其能，各展其长，从而发挥家长的育人功能。例如：重庆市江北区惠贞书院组织学生家长成立了家长导护队、家长讲师团和爱心妈妈故事团，在不同领域发挥家长的专业和学识特长，为孩子们提供义务服务。

【示例分析】

案例 6-9：安徽省合肥市行知学校办好家长学校①

合肥市行知学校是一所九年一贯制公办学校，隶属于瑶海区教育体育局。该校将家长学校的创办、优化放在提升学校教育教学质量、创人民满意教育的战略高度，将此纳入学校工作中的一项硬性指标，通过规范的管理、完善的组织、科学的规划、严密的制度以及坚持不懈的实践探索，实现了家长学校领导重视、办学条件优化、管理规范、效果显著"四个大转化"。

几年来，学校多次投资购买家长学校教材，如：英国教育家洛克《教育漫话》、陈鹤琴的《家庭教育》、省厅关工委编著的《现代家庭教育教材》等，并为家长学员下发学习辅导资料，学校精心开发的《经典日日诵》教材，每生每学年一本，也是家长的亲子阅读教材。学校精心布置了家长接待室和心理咨询室、亲情聊天室，保证了家长学校工作的正常运转。

为适应家长学校办学特点，方便学员学习，行知学校采取了灵活多样而又切实可行的教学形式。学员学习以集中学习为主，分散学习为辅；授课形式以班级授课为主，开大会听讲座为辅；并结合上门家访指导的形式。多种形式相互弥补，共同促进家长家庭教育水平的提高。

家长学校以班级授课形式每学期为学员授课至少一次，每次授课前家长委员会都提前组织家长学校教师和家长代表进行有关的专题讨论会，完成集体备课，为高质量的授课活动做好准备。除了专职教师的授课，还邀请教子有方的家长来校讲座和介绍经验，实用性强，可借鉴度高，深受广大家长欢迎。家长学校将多种教学和学习形式有机结合，穿插进行，主题明确，效果较好。

该校农民工子弟多，单亲家庭的孩子在学校有一定比例，这类孩子在思想上、心理上都需要更多的关心和指导。学校鼓励农民工子女向心理咨询室的老师倾吐自己的心声，以便老师及时发现和疏导孩子心理上的问题，利用亲情聊天室让孩子与他们的父母交谈，拉近孩子们与父母的情感距离，感受亲人的温暖。学校尽可能地为农民工子弟创造一个和谐快乐的氛围，为单亲

---

① 王萌萌、郑鹏华：《办好家长学校，共育时代新人》，载《新安晚报》，2013年12月27日第14版。

孩子的健康成长创造条件。

行知学校除了家长会，更多利用校讯通平台、家校联系簿、给家长的一封信、电话、家访、校访等多种途径保持家校联系。设立"家长学校"信箱、家长服务热线等，以互动方式听取家长意见、解答家长疑问。开展大型活动或有重要通知时，学校发给每位家长一封信，要求填写回执，及时了解家长意见。

该校每一届新生均能收到学校及时更新的《行知校报》，让学生家长及时全面了解学校师资、办学条件、教学成果、办学特色等。每一届小学和初中毕业生均能收到一份《毕业纪念册》，纪念册上有各毕业班学生和老师、校领导的合影照，有在母校大型活动中的精彩瞬间照，有校长、老师、同学代表的寄语等，让学生毕业以后，不忘母校，懂得感恩。

该校家长学校建立了各项规章制度，如《家长委员会工作职责》《家长教育行为规范》《家长学校教师备课制度》《家长学校教育教学管理制度》《家长学校考勤制度》《家长学校学员考核与评比表彰制度》《家长学校档案管理制度》等，还出台了《合肥市行知学校"教师与家长的沟通"的建议》，明确了各自职责，规范管理，真正落实"办好家长学校，培育世纪新人"的家长学校办学理念。

分析：

安徽省合肥市行知学校对传统的家校合作机制进行了突破和创新，建立了家长学校科学有效的运行机制，优化了家长学校办学条件，以建章立制规范了管理，实行灵活多样而又切实可行的教学形式，建立考评表彰家长机制，多种途径畅通了家校联系，保证了家长参与学校教育教学工作的科学、规范、有效进行。该校善于利用现代信息技术手段，以互动方式听取家长意见、解答家长疑问，便利了家长的学习提高，以外促内，从而提高了家庭教育质量，实现了家庭教育与学校教育的有效整合，值得其他学校借鉴。

60. 积极发挥学校在社区建设中的作用，鼓励并组织学校师生参与服务社会(社区)的有益活动。

【要点解读】

社区为学校发展之本。学校是社区系统中的一个组成部分，当然也要为社区建设发挥应有的作用。随着社会进步,学校在社会发展中的使命也正在发生变化,从农业经济社会的"象牙塔"、工业经济社会的"推进器",发展成为知识经济社会的"文化中心"。现代学校越来越成为社会(社区)服务的主要提供机构和社会变革的工具,成为知识经济社会的主要催化剂和烽火台,成为新思想的源泉、倡导者、推动者和交流中心。学校参与社区建设主要是以其丰富的人力和教育资源以及设施、场地等为社区居民服务。

　　校长要积极发挥学校在社区建设中的作用,就是要带领学校成为弘扬先进文化、引领社会(社区)进步的灯塔。学校教育要引导社会进步,而不能是简单地迎合世俗需要,不能受社会市场化的消极影响,要通过坚持高尚的价值追求和精神境界弘扬先进文化,以学校教师的新思想、新知识和新文化引领社会(社区)前进,为社会(社区)发展提供精神动力。学校要鼓励并组织学校师生参与服务社会(社区)的有益活动,以先进的文化成果和学术团队,走向社会(社区),影响社会(社区)。中小学校拥有较为完善的教学设施和较为宽敞的活动场所,比如操场、乒乓球房、健身房、阅览室等,在课后和双休日常常是闲置的,如果把它们进行整合,达成共享,就可为社区居民提供健身及开展文体团队活动的方便,这样既可弥补社区中居民活动场地欠缺的不足,也可让这些设施物尽其用,充分体现它的使用价值。

【履职建议】

　　(1)发挥学校优势,直接为社区育人。

　　学校可以根据社区的需求和自身的特色和优势,开通学校热线电话,进行家庭教育义务咨询服务;与社区宣传、文化部门协调合作,联合办学,集中短期培训社区居民,培养社区文化事业发展所需的人才。

　　(2)建立服务平台,文化共享共进。

　　建立和完善学校与社区的信息交流平台,整合拓展社区教育资源,加强学校文化与社区文化的共享。开设社区电脑培训班,建立网上学校,为建立信息化社区服务;利用社区的报刊、电视、广播、网络等多种形式,传播学校的形象和信息,学校也可以为社会(社区)公众娱乐文化活动提供组织、策划服务。

（3）开放校园，对外辐射。

建立开放式校园，学校为社区公众营造文化享受和熏陶的氛围，发挥学校文化的外向辐射作用。设立学校教育资源开放日，开放学校的图书馆、体育馆、校史馆等文化设施，以及各类文化讲座、演出等；也可以联合社区共同组织艺术节、体育节等活动。

（4）发挥学生社团的作用，深入建设文化社区。

学校要充分利用自身在文化方面和拥有大量高素质青少年志愿者的独特优势，组建志愿者服务队，根据社区需要提供志愿服务，主动深入社区，参与、开展群众文化活动，开展普法知识教育、科技知识传播、卫生知识宣传和文艺演出等，倡导科学、文明、健康的生活方式，营造浓厚的社区文化氛围，带动良好社会风气的形成。

【示例分析】

案例 6-10：上海徐汇中学参与"徐家汇源"4A 景区的开发①

2012 年，熙熙攘攘、人来人往的上海市繁华地带徐家汇源成为"4A"景区。结合"徐家汇源"4A 景区的开发，徐汇中学的校史长廊也纳入到景区景点之中，学校与街道多次沟通，由街道负责长廊的设计修缮工程，而学校也将景区资源向社会开放，让更多的人了解徐汇的百年历史，显而易见这是双赢的结果。

徐家汇源景区创造性地推出了"有约参观"模式。景区与徐汇中学、藏书楼等 9 家景点单位签订开放管理协议，明确参观时间段、参观区域范围，游客可在景区游客中心免费领取"徐家汇源景区旅游联票"，凭票至各参观点免费参观，或通过景区官方网站、手机客户端、电话等途径进行参观预约。其中，徐汇中学负责开放徐汇公学旧址，开放时间：周六、周日 9：00—12：30 和 13：00—17：00；参观区域：汇学长廊；如逢学校有重大考试或其他重大活动安排，则当日停止对外开放。学校与社区互动，资源共享，既有利于搞好社区建设，又提升了学校的办学质量，树立了学校的品牌。

---

① 范韻：《社区教育与学校教育资源共建共享的探索与研究》，上海市徐汇教育信息网，2013 年 6 月 5 日。

分析：

学校各方面资源全面开放，主动服务社区，既是社会发展的必然要求，也是学校发展的需要。上海市徐汇中学把学校发展植根于社区发展的大背景之中，开放学校文化设施，服务社区发展，使学校建设与社区建设有效融合，形成"你中有我，我中有你"的互利双赢局面，学校与社区得到共同发展。通过"有约参观"，服务社区，学校向社区宣传了办学理念、发展规划以及教育教学的成果，使社区了解学校、理解学校。学校服务社区，既是学校的义务，也有利于争取社区的支持与合作，不断提高学校的教育质量和社会美誉度。